KB219562

거룩한 헌신에
도전하라

국립중앙도서관 출판예정도서목록(CIP)

거룩한 헌신에 도전하라 : 그리스도인을 위한 신앙지침서 /
지은이: 정순출, 이일화. ─ 서울 : 유림프로세스, 2015
    p. ;   cm

ISBN 978-89-98771-04-1 03200 : ₩11000

기독교 신앙 생활[基督敎信仰生活]

234.8-KDC6
248.4-DDC23   CIP2015001301

이 도서의 국립중앙도서관 출판예정도서목록(CIP)은 서지정보유통
지원시스템 홈페이지(http://seoji.nl.go.kr)와 국가자료공동목록시스템
(http://www.nl.go.kr/kolisnet)에서 이용하실 수 있습니다.
(CIP제어번호: CIP2015001301)

그리스도인을 위한 신앙지침서

거룩한 헌신에
도전하라

정순출·이일화 지음

유림

항상 기뻐하라
쉬지 말고 기도하라
범사에 감사하라

이것이
그리스도 예수 안에서
너희를 향하신
하나님의 뜻이니라.

(살전 5:16-18)

차 례

제3장 일년 일독 성경 | 123

추천사

★ 40여년 목회를 하는 동안 큰 고민이 하나 있었습니다. 그것은 바로 예수 그리스도의 십자가 구속의 은혜가 신앙적으로 뿐만 아니라 역사적으로도 분명한데, 이에 대한 성도들의 믿음의 응답이 있도록 어떻게 준비시키고, 어떻게 인도할 것인가 하는 문제였습니다. 설교를 통해서 전한다고는 하지만 제한된 시간으로 인하여 성도들의 신앙의 표준을 설정하여 체계적으로 설교하기 어려운 면이 있었습니다.

그런데 성도들의 믿음의 생활의 방향을 설정하고, 그 실천방법을 제시한 이 책이 발간된 것은 매우 기쁜 일입니다. 성도들의 영적생활의 깊이는 바로 이 책에서 다루고 있는 다섯 가지 주제에서 그 해답을 얻을 수 있다고 해도 과언이 아니기 때문입니다.

주님을 사랑하는 사람은 그 사람의 대화 중에 주님을 더 말할 것이며, 기도를 많이 하는 사람은 그 사람의 대화 중에 기도 응답에 대한 이야기가 많을 것입니다. 성경을 많이 읽는 사람은 성경에 대한 관심과 그리스도인의 삶이 어떤 것인지에 대하여 더 많이 이야기할 것입니다. 목회자는 이렇게 실천적인 믿음의 생활을 하도록 성도를 이끌어야 합니다.

그를 위해 설교와 함께 이 책과 같은 체계적인 신앙생활 안내서가 필요합니다. 요즘 많은 목회자들이 성경을 강해하는 쪽으로 설교를 하고 있지만, 이 강해설교의 근본적인 이유는 성도들의 실천적인 믿음의 생활을 돕기 위한 것이지 않습니까?

참된 그리스도인의 삶은 어떤 삶입니까? 세상의 것들에 대하여 하나님의 것을 구별하는 삶입니다. 오로지 하나님을 사랑하는 삶입니다. 예수 그리스도의 겸손과 온유의 십자가를 지는 삶입니다. 말과 행동에서 예수 그리스도의 복음을 드러내는 삶입니다. 먼저 하나님 나라의 의를 구하는 삶입니다. 천국 영원한 생명을 소망하며 사는 삶입니다. 하나님의 사랑을 사회적 섬김과 봉사로 실천하는 삶입니다.

이러한 참된 그리스도인의 삶은 예수 그리스도의 십자가와 부활 복음을 충만히 경험하고 감사와 기도와 말씀과 예배와 헌신을 통해 형성되고 다져지는 것입니다.

예수 그리스도를 향한 열정과 열망, 그리고 주님의 가시 면류관을 기억하며, 그분의 모습을 항상 앙망하는 사람, 교회에서도 낮아지며, 오로지 주님의 십자가와 부활만을 생각하는 사람, 그런 성도의 모습은 어디에 있을까요?

은혜교회가 지역사회봉사를 위하여 토스트 전도를 실천하고, 많은 나그네들에게 복음을 심어주는 그 모습이 아름다운 것처럼, 이 책을 통하여 많은 예수 그리스도를 따르는 사람들에게 전해주는 아름다운 믿음의 표본은 우리 그리스도인들이 감히 닮아가야 할 모습일 것입니다.

주님을 사랑하고, 주님을 만나기를 원하는 이들에게, 그리고 그분의 삶을 닮아가기를 원하는 이들에게, 이 책은 귀중한 선물임에 틀림이 없습니다. 다섯 가지의 신앙생활의 표준을 통해서 여러분의 신앙의 좌표를 찾고, 여러분이 달려가야 할 길을 알려주기 때문입니다. 이 책을 읽으므로 덕스러운 그리스도인의 삶의 모습을 찾아가길 기도드립니다.

2015. 1.

기독교대한성결교회 총회장

신길교회 담임목사 **이 신 웅**

머리말

🍁 성도들의 생활을 고민하며, 기도원에서 일주일간을 기도한 뒤에 성도들의 삶의 본질이 무엇인가를 생각했습니다.

성도들의 삶을 한마디로 요약한다면 거룩하고도 성결한 삶이라고 할 수 있을 것입니다. 이는 바로 성결교회의 교단의 명칭처럼 '거룩한 삶', '성결한 삶'을 일컫는 말일 것입니다. 그리스도인으로서의 이 삶은 그리스도인이 죽을 때까지 추구하여야 할 삶이며, 우리 그리스도인들이 영원히 간직해야 할 삶의 지평이기도 합니다.

주님께서는 담임목사인 제가 교회의 성장과 비전, 그리그 그 전략과 성도들의 생활을 위하여 기도하는 가운데, 성도들이 거룩한 주님을 섬길 수 있는 실천적인 삶의 길을 제시하며 열어 보이셨습니다. 바로 이것이 성도들이 추구하여야 할 '거룩한 헌신에 도전하는 삶'이었습니다. 이 생활의 실천을 위하여 성도들이 추구하여야 할 것들 또한 말씀으로 감동을 주셨습니다.

그것은 바로 성도들이 그리스도를 섬기는 거룩한 헌신에서 실천하게 될 다섯 가지 주제였습니다. 이 다섯 가지 주제는 우리 모두가 이미 부분적으로는 실천하고 있는 내용일 수도 있습니다. 그러나 다시 한 번 우리가 그리스도를 위하여 살아가는 구체적인 방법을 성도의 신앙의 길로 정리하여 살펴보게 됩니다. 이 다섯 가지 실천과제를 정리하면 다음과 같습니다.

첫째, 하루 세 번 감사
둘째, 하루 삼십분 기도
셋째, 일 년 일독 성경
넷째, 주일예배 성수
· 다섯째, 온전한 십일조 생활

예수 그리스도 안에서 성도들이 복을 누리며 사는 방법은 이 다섯 가지를 실천하는데서 주어지는 것임을 주님께서는 성령님의 감동을 통하여 제게 말씀해 주셨습니다.

우리 교회는 근 이년 간 성도들과 함께 예배를 폐하기 전 반드시 이 표어를 합창해 왔습니다. 거룩한 헌신에 도전하는 삶, 바로 이것이 우리 성도들의 신앙생활의 자세이며, 그리스도인으로서의 삶의 목적이기 때문입니다.

이 표어는 제가 사역하는 우리 은혜교회 성도들이 함께 실천하며, 또한 이를 실천하기 위하여 서로 노력하고, 토스트 전도를 통하여 실제적인 삶의 모습으로 보이고자 하는 내용들이기도 합니다. 이러한 그리스도인의 삶의 표어와 목표를 담은 이 책은 주님 안에서 문서선교에 열심을 다하는 우리 교회의 신실한 동역자 이일화 목사님의 노력과 도움으로 세간에 빛을 보게 되었습니다.

오로지 이 책이 발간될 수 있었던 것은 주님의 은혜이며, 오직 주님만이 이 책을 받으시고, 영광을 받으시기를 원합니다.

이 책을 읽는 성도 여러분들의 삶이 거룩한 주님을 따라가는 삶으로, 또한 그리스도를 위한 헌신적인 삶으로 이어지게 되기를 간절히 바라며 기도드립니다.

2015. 1.
기독교대한성결교회 은혜교회
담임목사 **정 순 출**

일러두기

이 책의 활용을 위한 방법

🍁 이 책은 말 그대로 믿음의 생활을 실천하기 위한 신앙생활의 실천 지침서입니다. 이 책은 성도들의 영적인 삶을 실천하기 위하여 성도들이 교회와 가정에서 어떻게 주님을 가까이 할 것인가 하는 점에 관심을 두고 마련되었습니다. 따라서 성도들이 이 책을 활용하기 위해서는 몇 가지 방법을 적용할 수 있습니다.

먼저 성도 각자가 이 책을 개괄적으로 읽고, 포괄적인 접근을 하는 방법입니다.

교회가 표어로 실천을 다짐하고 있는 다섯 가지의 믿음의 생활의 실천방법, 하루 세 번 감사, 하루 삼십 분 기도, 일년 일독 성경, 주일

예배 성수, 온전한 십일조 생활, 이 다섯 가지 모두를 자신의 나름대로 실천해 보는 방법입니다. 분야별로 실천내용을 노트에 기록할 수도 있고, 아니면, 혼자 마음속으로 다짐하면서 자신의 나름대로 계산을 하며 실천해 나갈 수도 있습니다.

홀로 이 다섯 가지를 실천할 때에는 노트 한권을 준비하고, 그날그날 실천하였던 내용을 일기처럼 써 내려가는 방법도 좋은 방법입니다. 오늘 내가 주님을 위하여 실천한 일이 무엇인지, 감사는 어떻게 했는지, 기도는 어떻게 했는지, 자신이 써 보고, 또한 점검해 보는 것입니다. 노트나 일기장에 자신의 신앙생활을 실천하였던 내용을 기록하며 하루의 믿음의 생활을 결산해 보는 것입니다.

두 번째 방법은 공동체와 함께 감사의 주제, 기도나, 성경말씀, 주일성수 문제, 십일조 헌금 등에 대하여 그룹으로 토의를 하는 방법입니다.

한주가 지난 뒤 그룹 성경공부를 하거나, 그룹 모임을 할 경우에 자신이 실천했던 주제들을 가지고 돌아가면서 발표하고, 공유하고, 기도를 함께 나누는 방법입니다.

그룹스터디, 혹은 소그룹 기도모임, 혹은 지도자를 통한 공동체 모임 등을 통해서 이 책에서 제시하고 있는 각양의 방법을 실천하거나,

아니면 각 그룹의 현실성에 맞는 스터디 방법을 통하여 함께 토의해 보는 것도 좋은 방법입니다.

세 번째 방법은 이 책의 주제를 담은 각자의 노트를 마련하여 함께 실천해 보는 방법입니다.

각자 개인 스스로 신앙을 점검하되, 구역 모임이나, 소그룹 등 모임에서 담임 목회자를 통하여 자신의 신앙의 카운슬링을 받는 방법입니다. 이런 방법의 장점은 다른 사람의 눈치를 볼 일이 없이, 각자 개인이 신앙생활의 방법을 선택하되, 각 개인이 목회자의 도움을 받을 수 있는 이점이 있습니다.

그룹모임이나 기도의 동역자를 통한 공동으로 기도할 수 있는 시간의 불일치 등으로 혹은 서로 전화통화로도 기도의 동역이 어려운 경우, 목회자의 도움을 받아 부족한 점에 목회자의 기도를 요청하고, 믿음의 성장이 이루어질 수 있도록 도움을 요청하는 방법입니다.

소그룹 모임을 통하지 않더라도, 각자가 이 책을 읽고 느낀 점을 목회자와 상의하고, 기도나 성경읽기, 주일 성수 등의 방법으로 실천할 수도 있습니다. 이 방법은 각자가 실천하여본 결과 부족한 부분이나 잘 안되는 부분에 대하여 필요한 경우 목회자에게 기도를 요청할 수도 있으며, 목회자의 도움을 통하여 현재의 신앙을 점검하며, 함께 믿음을 세워나갈 수 있는 이점이 있습니다.

믿음의 생활을 실천하는 방법에는 이 책이 선택하고 있는 다섯 가지 주제뿐만 아니라 또 다른 여러가지 방법이 제시될 수 있겠지만, 전체적인 틀을 마련한 후 구체적이고도 실천적인 방법은 각자 책을 읽음으로써 더 세밀한 운영의 묘를 살릴 수 있을 것입니다.

이 책은 이용자의 활용 용도에 따라 구체적인 실천방법이 다양하게 설명할 수 있겠지만, 간략하게 이 책의 활용방법을 제시하여 보았습니다.

성도들의 신앙생활에 이 책이 많은 도움이 되기를 바랍니다.

서 론

★ 우리가 믿는 예수님이 우리의 주님 이시고 구세주이시라면 과연 우리는 어떤 인생을 살아야 할까요? 예수님께서 재림과 동시에 우리를 심판하신다고 하면 과연 우리는 어떤 모습으로 주님을 뵙는 것이 좋을까요?

초대교회의 안디옥 교인들이 처음 그리스도인들이라 불린 것처럼, 우리가 예수님을 믿는 그리스도인들이고, 우리의 삶의 목적이 하나님을 위한 영위 삶이라면, 우리는 어떤 모습으로 믿음의 생활을 유지하는 것이 좋을까요? 예수 그리스도를 구주로 영접한 사람들이라면 이것은 누구나 가지게 되는 의문입니다.

사람이 변화되는 은혜교회

✦ 우리 교회의 슬로건은 '사람이 변화되는 은혜교회'입니다. '사람이 변화되는'이라는 말은 예수님을 믿고 우리가 구원에 이르게 되므로 근본적으로 우리의 신분이 변하여 하나님의 자녀가 되었다는 의미입니다.

성경은 '변화'라는 말에 의미를 여러가지 형태로 언급하고 있습니다. 우리가 일반적으로 일컫는 '중생', '거듭남'이라는 말이나, 성경에 나타난 '거룩함', '성결', '성화', '완전'이라는 말은 성도들의 생활이 이 세상의 생활에서 주님을 중심으로 하는 생활로 변하여 갈 뿐만 아니라, 그 성품과 생활이 하나님의 거룩한 속성을 닮아 '하나님의 성품'에 이르게 된다는 말입니다. '변화'라는 말은 이와 같이 성경에 나타난 여러 가지 표현을 종합적으로 함축하여 나타낸 말이라고 할 수 있을 것입니다.

즉 '변화하는'이라는 말은 크게 두 가지 의미에서 접근이 가능합니다. 하나는 신분상의 변화입니다. 우리가 구세주 예수 그리스도를 믿음으로 죄 가운데서 벗어나 하나님의 자녀가 되는, 즉 우리의 근본적인 영의 변화가 나타나는 생활을 의미합니다. 이것은 육체의 생활의 변화가 아닌 믿음의 고백에서 얻어지는 신분상의 변화라고 볼 수 있습니다. 우리가 육욕을 따라 살던 죄악의 생활에서 벗어나 하나님의 거룩한 자녀로 변화되는 신분적인 변화를 의미하는 경우입니다.

다른 하나는 이제 하나님의 거룩한 자녀로서 변화를 받아, 더욱 더 점진적으로 거룩하게 되어져가는 영적인 생활과 육적인 생활의 점진적 변화를 의미하는 말이기도 합니다. 그리스도인이라면 누구나 한걸음씩 더 예수 그리스도 앞에 더 가까이 나아가고, 그분의 성품을 닮아가는 생활이 지속되어야 합니다. 그리고 이러한 생활이 계속되기 위해서는 이제는 과거의 죄에서 벗어나 거룩한 하나님의 성품을 닮은 생활로 변화되어야만 합니다. 성경은 이러한 변화의 생활을 가르쳐 '신성한 성품에 참여하는 자가 되는 것'(벧후1:4)이라고 말합니다.

이전에는 마귀에게 억눌린 생활이었으나, 이제는 오로지 주님만 의지하고, 주님만 경배하는 하나님을 중심으로 하는 생활로, 빛의 자녀로서의 생활을 영위하는 것이 바로 그리스도인으로서의 삶의 모습입니다. 그러나 이 빛 가운데로의 삶의 모습은 처음 주님을 만나고 믿음을 고백함으로써, 바로 거룩한 생활이 지속적으로 유지될 수 있는 것은 아닙니다.

왜냐하면, 우리의 신분은 이미 하나님의 자녀가 되었음에도 불구하고, 우리의 믿음이 나약하여 세상의 유혹과 생활에 빠져, 주님을 부인하며 살아가는 경우가 대부분이기 때문입니다.

우리는 과거의 더럽고 추한 죄의 생활을 청산하고 주님을 닮아가는 거룩한 생활에 우리의 몸과 마음을 내어놓아야만 합니다. 우리 성도들은 이런 믿음의 생활이 지속되어야만 합니다. 더 나아가서 우리의 영적 모습은 거룩한 하나님을 닮은 생활을 유지될 수 있어야만 합니다. 그래야만 그리스도인이라고 이야기할 수 있는 것입니다.

우리가 주님을 만나는 중생의 체험을 하기 시작한 이때는 이제 믿음의 출발일 따름입니다. 요한 웨슬리는 이 단계를 가리켜 초기의 성화의 상태로 아직까지 완전한 성화의 단계에 이른 것은 아니라고 합니다. 우리는 이때를 하나님을 중심으로 살아가는 삶의 시작으로 볼 수 있을 것입니다.

완전한 그리스도인에 이르기 위해서는 '거룩함'에 이르는 성도들의 삶과 생활이 지속되어야 하고, 이제는 복음을 중심으로 하는 영적인 삶이 유지되어야만 합니다. 처음 주님을 만나고 주님을 따르기 시작하는 생활에서, 이제는 더 깊은 믿음의 생활로 접어들며, 세상 줄을 끊고 오로지 주님만을 섬기는 생활로 살아가는 점진적이고도 깊은 영적인 생활의 변화가 일어나야만 합니다.

거룩한 생활이 지속됨으로써, 이 세상에서는 비록 완전한 성화에는 이를 수 없지만, 점점 더 그리스도인의 완전에 가까워지는 변화된 그리스도인으로서의 삶을 살게 됩니다. 이것이 거룩하게 됨, 즉 거룩한 삶으로의 변화하는 생활을 산다고 말하는 것입니다.

우리의 몸이 하나님께로 돌아갈 때, 궁극적으로 우리는 영화의 몸이 될 것입니다. 하나님께 나아갈 수 있는 완전한 영화의 상태, 거룩하게 되는 성화의 상태에 이르게 되는 것이죠. 그러나 우리는 이 세상에 살고 있고, 이 세상에 사는 동안에는 우리의 몸이 냄새나고, 추하고, 더럽고, 죄에서 벗어날 수 없는 상태에 머물러 있을 수밖에 없습니다. 우리의 몸이 이 세상을 떠나 하나님께 돌아가는 그 순간에 우리의 몸은 영화롭게 될 것이며, 온전하고도 거룩한 몸의 상태가 될 것입니다.

그리스도인의 삶은 신앙생활을 유지하면 할수록 점점 더 거룩한 성화의 단계로 나아가게 될 것이며, 거룩함에 이르는 점진적이고도 지속적인 삶의 변화를 겪게 될 것입니다. 여기에 성도들의 자의적이고도 의지적인 노력이 필요한 것입니다.

처음 주님을 만나고 중생을 체험한 순간에도 우리의 몸과 맘은 아직 완전하지 못한 상태에 있는 것은 죄의 본성이 사라지지 않고, 세상에 속한 생각과 행동이 우리를 통제하려고 하기 때문입니다.

우리는 행위로 천국에 가는 것이 아니라, 대속의 주 예수 그리스도를 믿는 믿음으로 천국에 들어가는 것이지만, 우리의 거룩한 성품과 삶의 행위는 하나님의 나라에서 면류관의 상급으로 보상을 받게 될 것입니다.

하나님의 말씀인 성경은 우리 성도들이 신앙생활을 통하여 육체의 정욕으로 인한 이 세상의 썩어질 것을 피하여 거룩한 하나님의 성품에 이르도록 노력하라고 명령하고 있습니다. 성경은 하나님의 명령을 사도 베드로를 통하여 이렇게 기록합니다.

예수 그리스도의 종이며 사도인 시몬 베드로는 우리 하나님과 구주 예수 그리스도의 의를 힘입어 동일하게 보배로운 믿음을 우리와 함께 받은 자들에게 편지하노니, 하나님과 우리 주 예수를 앎으로 은혜와 평강이 너희에게 더욱 많을지어다.

그의 신기한 능력으로 생명과 경건에 속한 모든 것을 우리에게 주셨으니 이는 자기의 영광과 덕으로써 우리를 부르신 이를 앎으로 말미암음이라. 이로써 그 보배롭고 지극히 큰 약속을 우리에게 주사 이 약속으로 말미암아 너희가 정욕 때문에 세상에서 썩어질 것을 피하여 신성한 성품에 참여하는 자가 되게 하려 하셨느니라.

그러므로 너희가 더욱 힘써 너희 믿음에 덕을, 덕에 지식을, 지식에 절제를, 절제에 인내를, 인내에 경건을, 경건에 형제 우애를, 형제 우애에 사랑을 더하라.

이런 것이 너희에게 있어 흡족한즉 너희로 우리 주 예수 그리스도를 알기에 게으르지 않고 열매 없는 자가 되지 않게 하려니와 이런 것이 없는 자는 맹인이라 멀리 보지 못하고 그의 옛 죄가 깨끗하게 된 것을 잊었느니라.

그러므로 형제들아 더욱 힘써 너희 부르심과 택하심을 굳게 하라 너희가 이것을 행한즉 언제든지 실족하지 아니하리라. 이같이 하면 우리 주 곧 구주 예수 그리스도의 영원한 나라에 들어감을 넉넉히 너희에게 주시리라. (벧후 1:1-11)

그래서 우리 교회는 슬로건을 '사람이 변화되는 은혜교회'로 정하고 있는 것입니다.

거룩한 헌신에 도전하라

★ 성도들의 삶을 한마디로 요약한다면 '거룩한 삶', '성결한 삶'이라고 할 수 있습니다. 그리스도인의 모습을 닮아가는 성결하고도 거룩한 삶이야말로 우리 믿음의 성도들이 지향하여야 할 삶의 지평이기 때문입니다.

우리 목회자뿐만 아니라 모든 성도들이 다 그렇게 살지 못하기 때문에, 더욱 더 이 표어는 우리에게 감명을 주고, 주님의 도우심을 필요로 하게 만듭니다.

성령님의 도우심을 기대하는 삶을 살며 주님께로 더욱 가까이 가기를 노력하는 삶이라면, 우리의 삶의 태도는 분면 '거룩한 삶'일진대 우리는 어떤 삶을 살 것인가 심각하게 고민하여 보아야 할 것입니다.

성결한 삶의 표준은 다음과 같은 다섯 가지의 실천과제로 제시됩니다.

＊신앙생활의 목표 : 성결한 삶, 거룩한 헌신

＊신앙생활의 표어 : 거룩한 헌신에 도전하라.
        (생명을 구원하며, 세상을 변화시키는 교회)

＊실천과제 : ① 하루 세 번 감사
        ② 하루 삼십분 기도

③ 일 년 일독 성경

④ 주일예배 성수

⑤ 온전한 십일조 생활

따라서 우리 교회는 이러한 신앙의 주제를 따라서 '성결한 삶, 거룩한 삶'으로 그 신앙생활의 목표를 설정하고 살아가고 있으며, 이러한 다섯 가지의 실천과제는 우리 성도들의 삶의 방법이 될 뿐만 아니라, '성결한 삶, 거룩한 삶'이라는 성도들의 목적 있는 삶을 이루는 지평이 되기도 합니다.

정말 성도들의 신앙생활을 한마디로 요약한다면 이 한마디의 표어와 실천과제 다섯 가지 안에 다 들어 있다고 할 것입니다.

성도들의 신앙생활을 위하여 기도원에 들어가 성경을 읽고 기도한 후, 교회에 선포한 표어가 '거룩한 헌신에 도전하라'는 귀중한 발제였습니다. 그리고 이와 동시에 성도들이 '실천하여야 할 다섯 가지 과제'들로 성도들의 신앙생활을 귀결할 수 있었습니다.

매 주일 예배가 폐할 때면 성도들과 함께 금년도 교회의 표어를 한목소리로 크게 합창하고, 폐회 송가를 부른 후 모두 함께 집으로 돌아가게 됩니다.

교회의 표어 제창은 언제나 우리의 마음에 성령님을 충만하게 하고, 다시 한 번 신앙을 다짐하게 합니다. 더 나아가서 세상에 나가 일하는 일주일간을 준비할 수 있게 해 줍니다.

성도들의 삶의 방식을 하나로 설정한다면 아마 이 다섯 가지로 명확하게 압축할 수 있을 것입니다. 더 이상의 명확한 답도 있을 수 없고, 더 이상의 설명할 가치 기준 또한 없을 것입니다. 성도들의 생활의 표준이 무엇인가라고 목회자로서 기도하며, 고민하였고, 여러 차례 주님께 질문도 하였습니다. 그래서 얻은 답이 성도들의 이러한 신앙생활의 주제임과 동시에 신앙생활의 실천 과제들이었습니다.

이 다섯 가지의 주제의 생활을 실천한다면 성도는 거룩한 삶으로의 생활이 지속될 것이며, 마귀의 시험에 빠져 세상의 유혹에 흔들리는 우를 범하지 않게 될 것입니다.

지금부터 이 '거룩한 헌신에 도전하라'는 주제와 이러한 목표점에 도달하기 위한 다섯 가지 실천과제들을 실행할 수 있는 방안들을 하나씩 풀어 설명해 나가고자 합니다.

그리스도인의 신앙생활은 다음 성경말씀에서 그 신앙의 목표를 설정할 수 있습니다.

형제를 사랑하여 서로 우애하고 존경하기를 서로 먼저 하며. 부지런하여 게으르지 말고 열심을 품고 주를 섬기라. 소망 중에 즐거워하며 환난 중에 참으며 기도에 항상 힘쓰며, 성도들의 쓸 것을 공급하며 손 대접하기를 힘쓰라. (롬12:10-13)

성경이 기록한 이 말씀의 삶은 그리스도인의 삶의 방향이며, 목표이며, 표본이며, 지향점이 됩니다. 이 말씀이 그리스도인의 생활이며, 현재 교회에서 봉사하는 활동의 주된 이유이기도 합니다. 우리의 삶은 주님을 섬기며, 성령님으로 뜨거워진 마음으로 열정을 품고 사는 것입니다.

현대어로 번역된 대한성서공회에서 발행된 표준 새번역 성경을 따르면, 이러한 그리스도인의 삶을 담은 본문의 내용을 훨씬 더 이해하기가 쉬워집니다.

형제의 사랑으로 서로 다정하게 대하며, 존경하기를 서로 먼저 하십시오. 열심을 내어서 부지런히 일하며, 성령으로 뜨거워진 마음을 가지고 주님을 섬기십시오. 소망을 품고 즐거워하며, 환난을 당할 때에 참으며, 기도를 꾸준히 하십시오. 성도들이 쓸 것을 공급하고, 손님 대접하기를 힘쓰십시오. (롬12:10-13, 새번역)

그리스도를 섬기는 거룩한 삶을 살기 위해서는 우리가 믿는 예수 그리스도, 그분이 어떤 분인지를 먼저 알아야 합니다. 성도들은 이미 예수님이 우리의 주님이시요, 우리의 구세주이심을 깨닫고 있기 때문에, 우리의 신앙생활은 이제 믿음을 실천하는 단계에 들어와 있을 것입니다.

따라서 이 책에서는 성도들이 목말라 하는 거룩한 삶으로써의 헌신을 실천하는 방법들을 하나씩 설명해 나가고자 합니다.

성도들은 이 책을 읽음으로써 성경이 우리에게 말씀해 주시고자 하는 하나님의 뜻을 쉽게 이해하고, 믿음의 생활의 실천에 도움을 받을 수 있을 것입니다.

제1장
하루 세 번 감사

다니엘이 이 조서에 왕의 도장이 찍힌 것을 알고
도 자기 집에 돌아가서는 윗방에 올라가 예루살렘
으로 향한 창문을 열고 전에 하던 대로 하루 세 번
씩 무릎을 꿇고 기도하며 그의 하나님께 감사하
였더라. (단 6:10)

거룩한 헌신에 도전하라

1. 하나님께 감사를 드려야 하는 이유

감사는 그리스도인의 필수적인 삶의 요소

✦ 감사는 그리스도인의 삶에 있어서 반드시 있어야 하는 요소이고, 또 반드시 그렇게 살아가야 하는 삶의 지평이기도 합니다. 그리스도인의 생활이 하나님께 감사하는 생활로 이루어지지 않으면, 하나님을 알 수 없게 되고, 매사에 불평만 가득한 생활이 됩니다.

성경은 '범사에 감사하라'고 말씀하며, 우리 그리스도인의 삶이 감사로 가득 채워져야 하고, 또 그렇게 우리의 삶이 풍성한 감사로 이루어져야 함을 말하고 있습니다.

인생을 살다가 보면, 사실 감사할 일보다는 근심과 걱정이 많고, 불평이 가득한 일들이 일어날 수 있습니다. 그러나 그리스도인들은 감사하는 생활을 실천해야 하고, 이 감사하는 생활은 곧 그리스도께 영광이 될 것입니다.

불행하게도 우리의 삶은 그렇지 못합니다. 매사가 감사하기 어렵고, 감사하는 마음을 갖는 것 또한 쉽지 않습니다. 성경은 '범사에 감사하라'고 가르칩니다. 모든 일들이 하나님께서 주신 복이므로 감사하도록 권면하고 있습니다.

감사는 그리스도인의 삶의 필수적인 요소입니다. 이 감사는 그냥 감사하는 것이 아니라, 오직 하나님의 은혜에 대한 감사입니다. 범사에 감사하라고 하였다고 하여 주님에 대한 사랑과 신뢰가 없다면, 이 감사는 무의미한 것이 되고 말 것입니다.

시편은 '감사하라 주님께'라고 하며 찬송을 시작합니다. 우리가 감사하는 것은 하나님께서 우리를 구속하셨으며, 속죄함을 허락하셨고, 또한 그 크시고 거룩하신 하나님께서 우리에게 주님을 알 수 있게 하셨기 때문입니다. 우리의 감사는 이것입니다.

매일매일 아침 잠자리에서 일어나며 오늘 하루도 주님께서 인도하신 편안함의 손길을 느끼는 사람은 행복합니다.

우리는 주님의 영광을 노래합니다. 거기에는 하나님에 대한 감사와 그분의 영광과 위엄, 거룩하시고도 장엄하신 하나님의 손길에 대한 찬미가 담겨져 있습니다. 즉 감사의 생활은 우리가 하나님의 영광을 찬양하는 그 기쁨의 생활과 밀접한 연관이 있습니다. 감사하기 때문에 그분의 영광과 위엄을 찬양하는 것이지요.

감사는 그리스도인의 삶의 필수적인 요소입니다. 감사할 때 하나남의 영광이 나타나고, 우리는 그분 안에 있다는 사실을 확증할 수 있습니다. 감사는 그리스도인에게 반드시 있어야 할 것이며, 항상 그리스도 안에서 생활화되어야 하는 것입니다.

우리가 감사할 것들

⭐ 우리는 왜 감사해야 할까요? 그리고 우리가 감사해야 하는 이유는 무엇일까요? 또한 우리가 감사해야 하는 것은 어떤 점들일까요? 그리스도인의 삶을 사는 필수적인 요소가 감사라고 한다면, 우리 그리스도인들이 감사해야 하는 이유를 이 장에서는 조금이나마 단편적으로 이해할 수 있게 될 것입니다. 좀 더 구체적으로 우리 그리스도인들이 감사를 해야 하는 이유는 무엇일까요? 이제 그 이유를 살펴보고자 합니다.

첫째, 그리스도인의 감사는 바로 하나님께서 우리를 창조하시고, 우리를 피조물로 만드셨으며, 그분께서 우리를 기뻐하셨다는데 있습니다. 우리 인간들이 하나님의 명령을 어기고 죄 가운데 빠졌지만, 독생자 예수 그리스도를 이 땅에 보내심으로 우리의 죄를 사해 주셨고, 우리를 구원의 길로 인도하셨다는 사실입니다.

그분은 위대하신 하나님이시며, 우리를 위하여 십자가에 달려 돌아가셨으며, 죽음에서 부활하셨으며, 이후 저 천국에 우리의 처소를 예비하시고, 우리를 기다리실 것임으로 우리가 감사하지 않을 수 없는 것입니다.

둘째, 그리스도인의 감사는 하나님께로부터 받은 은혜에 대한 감사입니다. 생각해보면 우리는 벌거숭이로 태어나서 벌거숭이로 주님께 돌아갑니다. 이것은 최초의 사람 '아담'에게 하나님께서 말씀하신 내용입니다. '너희는 흙에서 와서 흙으로 돌아가라'는 하나님의 명령처럼, 우리 모두는 어느 순간 흙으로 돌아가게 될 것입니다.

그럼에도 불구하고, 이 세상을 사는 동안 우리가 주님께로부터 받은 것들 하나하나 세어 보시기 바랍니다. 가정이며, 직장이며, 집이며, 아내며, 아이들이며, 받은 것이 얼마나 많습니까? 어찌 우리가 감사하지 않을 수 있겠습니까?

이 세상의 사람들은 이 모든 것이 자신의 인격과 힘으로 되었다고 주장합니다. 그러나 우리 그리스도인들은 다릅니다. 받은 은혜가 너무나 크기에 하나하나 조목조목 들어가며 감사를 드릴 수 있습니다. 그것이 이 세상 사람과 하나님의 사람과의 차이입니다.

'나의 나 된 것은 오직 하나님의 은혜라'

이것이 그리스도인의 감사입니다. 감사는 이 모든 것의 기초적인 것, 하나님을 아는 데서부터 출발합니다. 내게 주어진 것 하나하나 감사하지 않을 수 없습니다.

셋째, 가장 큰 감사는 바로 죄인인 우리 자신을 하나님께서 구원해 주셨기 때문입니다. 그래서 우리는 '날 구원해 주신 감사'(J. A. Hultman, 문정선 역)라는 노래를 부릅니다.

날 구원하신 주 감사, 모든 것 주심 감사
지난 추억 인해 감사, 주 내 곁에 계시네.
향기론 봄철에 감사, 외론 가을날 감사
사라진 눈물도 감사, 나의 영혼 평안해

응답하신 기도 감사, 거절하신 것 감사
헤쳐 나온 풍랑 감사, 모든 것 채우시네.
아픔과 기쁨도 감사, 절망중 위로 감사
측량 못할 은혜 감사, 크신 사랑 감사해

응답하신 기도 삼사, 거절하신 것 감사
따스한 따스한 가정, 희망 주신 것 감사
기쁨도 슬픔도 감사, 하늘 평안을 감사
내일의 희망을 감사, 영원토록 감사해.

우리는 죄 때문에 죽을 수밖에 없는 인간입니다. 그럼에도 주님께서는 우리를 택하시고, 우리를 죄 가운데 건져내어 주셨습니다. 예수 그리스도께서 십자가에 몸 버려 피 흘리심으로 우리가 구속 곧 죄사함을 입게 되었습니다. 우리의 감사가 여기에 있는 것입니다.

여러분은 죄인입니까? 그렇습니다. 그러나 지금은 어떻습니까? 구속, 곧 죄 사함'을 입지 않았나요? 우리는 예수 그리스도의 보혈의 피로 대속함을 입었기 때문에 구속 곧 죄사함을 받았습니다.

우리라는 말 대신에 '나'라는 표현을 써 보시기 바랍니다. 그러면 더 구체적인 하나님의 구속의 사랑이 느껴질 수 있을 것입니다. 우리의 감사는 이런 것입니다. 하나님을 사랑하며 의지하고, 그분의 말씀을 들으며 그분께 나아가는 것입니다.

또한 우리의 감사는 나를 택하신 것에 대한 감사입니다. 수많은 사람들이 이 세상을 살아가지만, 세계의 인구 중에 하나님을 알고, 그분의 사랑을 고백하는 사람은 세계의 인구에 비하여 얼마 되지 않을 것입니다.

그 수많은 사람들 가운데서도 하나님께서 나를 아시고, 나를 지명하여 부르시며, 나를 기억하신 그분에게 어찌 감사를 드리지 않을 수 있겠습니까? 이 부족한 죄인인 나를 택하신 하나님께 정말 감사하지 않을 수 있겠습니까?

또한 감사는 우리 믿음의 성도들에게 저 천국을 예비하시고, 우리를 그곳으로 들어가도록 인도해 주신다는 것입니다. 오늘 아침 잠자리에서 일어나며, 예비 된 천국을 바라보는 그 기쁨이 있다는 사실이야 말로 감사할 일 아니겠습니까? 불타는 지옥이 아닌, 주님과 함께 있는 영원한 기쁨이 있는 나라, 그곳이 우리가 갈 천국이 아니겠습니까?

예수님께서는 천국은 진주와 같다거나 잃어버렸다가 다시 찾은 돈과 같다거나, 농토에 묻혀 있는 보화와 같다고 하셨습니다. 천국은 그렇게 소중한 것입니다. 우리의 모든 것을 주고 사야만 하는 값지고 소중한 것입니다. 왜냐하면 우리는 그곳에 있어야 하기 때문입니다.

만약 천국의 실체를 안다면, 우리의 모든 것을 던져서라도 그 천국을 사고 싶어 할 것입니다. 주님께서는 이점을 분명하게 말씀하셨습니다. 우리에게 천국을 알게 되면, 우리가 가진 그 모든 것으로 천국을 사려고 할 것이라고 하셨습니다. 그런데 어떻습니까? 이제 그 천국이 우리에게 주어져 있습니다. 주님께서 우리를 위하여 속죄양이 되셨고, 친히 제물이 되심으로 우리를 구원해 주셨습니다. 그리고 이후, 우리는 주님께서 부활하시고, 하나님과 함께 계신 천국에 들어가게 되어 있습니다. 이 천국을 바라보며, 우리가 얼마나 감사해야 할 일이 아니겠습니까?

감사는 이뿐만이 아닙니다. 돌이켜보면 모든 일이 감사요, 매일매일 하루하루가 감사요, 제가 서 있는 오늘 이 자리도 감사인 것입니다. 우리는 감사드릴 일밖에 없는 것입니다. 하나님께서 분명하게 날 사랑하시고 계심을 깨닫는다면, 항상 주님께 감사할 수밖에 없는 것이지요. 이것이 그리스도인의 참된 생활입니다.

가장 큰 감사는 하나님의 사랑

★ 믿음은 가장 큰 고난을 겪을 때 크게 생겨난다고 합니다. 믿음이 값지고 귀한 것임을 알려면 고난과 슬픔을 겪어 보아야만 하나님의 사랑을 다시 깨닫고 하나님에 대한 깊은 믿음이 생겨나게 됩니다.

고난이 없으면 아픔을 모르고 절대자이신 하나님의 존재에 대하여도 깨닫지 못하게 됩니다. 왜냐하면 절대자이신 하나님을 찾을 일이 없어질 테니까요.

교회에 출석하는 성도들 가운데 믿음을 체험한 대부분의 사람들은 환난과 고난 가운데 있을 때, 구원자이신 주님을 만나게 되는 은혜를 체험했다는 사실을 고백하는 것을 볼 수 있습니다.

우리에게 가장 큰 감사는 무엇일까요? 다른 그 어떤 무엇보다도 하나님의 큰 사랑이 아닐까요? 우리 그리스도인들은 그분의 사랑을 확증하며 살아갑니다. 이것이 그리스도인의 삶입니다.

하나님의 사랑은 빈부나 귀천이 없이 모두에게 동등하게 나타나며, 바로 오늘 길거리에서 신문지를 모아 팔고 있는 가난한 할머니에게도 다가가서 그분의 손길을 펼치시고 계시는 것입니다. 우리는 알지 못하고 있지만 주님께서는 매 순간순간 마다 미소를 띠시며 그분의 삶을 도우시고 계시는 것입니다. 주님은 바로 이런 분이십니다.

사무엘 선지자의 어머니 한나가 아이를 소원하며 기도를 드릴 때, 얼마나 간절했으면 엎드리어 입술만 움직였을까요? 그때도 주님께서는 그 기도에 응답하셨고, 바로 그 응답하신 아들로 사무엘을 주셨습니다. 사무엘은 후일 이스라엘의 마지막 사사로서, 그리고 사울과 다윗을 왕으로 선택하도록 한 이스라엘의 역사속의 위대한 제사장으로 그 명성이 길이 남아 있습니다. 주님께서는 우리의 기도가 간절하여 크게 부르짖지 않아도 우리의 간절한 소원을 아시고 계시며, 그 기도에 응답하시는 사랑의 하나님이신 것입니다.

성도 여러분! 지금 엎드리어 기도해 보십시오. 여러분의 간절한 소원을 주님께 내어 놓고 부르짖어 보십시오. 지금 여러분이 부르짖을 힘조차 없다면, 지금 엎드려 여러분의 간절한 소망을 주님께 내어 놓고, 마음속 깊은 곳으로부터 오직 주님만 생각하며, 그분께 이 모든 것을 의탁해 보십시오. 아마 여러분의 기도에 응답하시는 주님의 약속의 말씀을 들으실 수 있을 것입니다.

지금 하나님의 약속은 하나님의 말씀인 성경을 통하여 우리에게 주신 것이며, 기도의 응답 역시 이 성경을 통하여 우리에게 말씀해 주시고 계시는 것입니다. 기도하며 응답을 받았던 수많은 믿음의 사람들은 하나님의 말씀인 이 성경을 통하여 응답을 받았습니다. 기도가 여기에 있습니다. 여러분을 무릎을 주 예수 그리스도 앞에 꿇으면 주님께서는 여러분의 기도에 응답하신다는 사실을 발견하게 될 것입니다. 우리의 기도에 응답하시는 사랑의 주님께서 우리와 함께 계시다는 사실, 이 얼마나 감격스러운 일입니까?

하나님의 사랑은 그 무엇보다 크고 위대하십니다. 수많은 사람들 중에 숨어 보이지 않을 것 같은 여러분이 앉아있는 자리까지 주님께서는 친히 찾아오셔서 여러분을 사랑하고 계심을 나타내 보이시고 계시는데, 어찌 감사가 넘쳐나지 않을 수 있겠습니까?

요한1서는 하나님의 사랑에 대하여 이렇게 가르칩니다.

★ '사랑하는 자들아 우리가 서로 사랑하자. 사랑은 하나님께 속한 것이니 사랑하는 자마다 하나님으로부터 나서 하나님을 알고 사랑하지 아니하는 자는 하나님을 알지 못하나니 이는 하나님은 사랑이심이라. 하나님의 사랑이 우리에게 이렇게 나타난 바 되었으니 하나님이 자기의 독생자를 세상에 보내심은 그로 말미암아 우리를 살리려 하심이라. 사랑은 여기 있으니 우리가 하나님을 사랑한 것이 아니요 하나님이 우리를 사랑하사 우리 죄를 속하기 위하여 화목 제물로 그 아들을 보내셨음이라. 사랑하는 자들아 하나님이 이같이 우리를 사랑하셨은즉 우리도 서로 사랑하는 것이 마땅하도다. 어느 때나 하나님을 본 사람이 없으되 만일 우리가 서로 사랑하면 하나님이 우리 안에 거하시고 그의 사랑이 우리 안에 온전히 이루어지느니라.' (요일 4:7-12)

성도 여러분 하나님의 사랑을 깨달으십시오. 그분께서 친히 여러분을 사랑한다는 사실을 발견하십시오. 아마 그러면 여러분의 하나님에 대한 신뢰와 믿음이 또한 한층 더 깊어질 것입니다.

하나님께서는 여러분을 사랑하십니다. 예수 그리스도께서는 자신의 몸을 대속의 제물로 내어 주기까지 그분은 여러분 모두를 사랑하셨습니다. 여러분 모두 그분의 사랑의 마음껏 느껴 보시기 바랍니다. 아마 그렇게 되면, 여러분 모두 주님께 감사를 드리는 생활을 하지 않을 수 없을 것입니다.

2. 감사의 방법과 그 실천

그분의 이름을 높임

🍁 하나님의 그 크신 사랑에 비하여, 우리가 하나님께 드리는 감사는 항상 부족하기 마련입니다.

구약성경에 나타난 감사는 하나님께 드리는 예물과 찬양과 경배를 통하여 이루어졌습니다. 이 시대의 우리 또한 하나님께 드리는 감사의 방법은 기도와 헌금, 정성을 드리는 예배와 찬양의 고백 등으로 하나님께 경배를 드리게 됩니다.

하나님께 드리는 예물은 예배의 시간 시간을 통하여 하나님께 드려지는 것이며, 찬양과 기도는 공적인 예배와 사적인 예배를 통하여 각각 하나님께 올려지게 됩니다.

우리가 하루 세 번 감사하라는 것은 하루 세 번의 기도와 찬양, 우리의 입술을 통한 믿음의 고백 등이 있을 것이며, 가장 보편적인 것은 입술로 감사의 고백을 하는 것이라고 받아들일 수 있습니다.

우리는 우리의 마음과 입술로 주님의 이름을 찬양하며, 하나님께 감사의 고백과 표현을 드릴 수 있습니다.

구약성경에서 하나님의 이름은 거룩하게 불려졌으며, 십계명은 '하나님의 이름을 망령되이 일컫지 말라.'는 명령을 우리에게 전달하고 있습니다. 실제 이스라엘 사람들은 하나님의 이름이 나오면 그분의 이름을 너무나도 거룩하게 여겨 그 이름을 부르지 못하고, '아도나이', 즉 '주님'이라고 표현하였습니다.

최근까지도 하나님의 이름인 신성 사 문자, 즉 'YHWH'의 읽는 방법을 정확하게 알지 못하여 '여호와'로 읽었고, 학자들의 연구결과 '야웨'가 하나님의 이름으로 확인 된 바 있습니다. 유대민족들은 이와 같이 하나님의 이름을 거룩하게 여겨 그분의 이름조차 부를 수 없어, 그분의 이름을 말하는 발음조차 잊어버릴 정도로 그분의 이름을 거룩하게 여겼던 것입니다.

하나님의 '거룩하신 이름', '하나님의 성호를 찬양하라'는 구약성경의 외침처럼, 우리는 우리가 감히 받들어 부를 수조차 없는 그분의 이름을 높이며, 소리 높여 찬송하여야 할 것입니다.

우리의 주인 되시는 '주님(Lord)'은 우리의 구세주이시며, 구속주시며, 우리의 구원자이십니다. 우리는 이 믿음을 입술로 고백하며, 마음으로 받아들이므로 구원에 이르게 되는 것입니다.

이제 그분의 이름을 불러 보시기 바랍니다. 그 구원을 이루신 성부 하나님의 외 아드님(독생자)이신 예수 그리스도의 거룩한 이름을 불러 매일매일 감사를 이루어보시기 바랍니다. 이제 감사를 이룸으로써 여러분의 생활도 풍족해질 뿐만 아니라 구원의 확신과 더불어 성도 여러분이 그리스도인임을 스스로 확증할 수 있게 될 것입니다. 그 거룩하신 이름, 그분의 이름을 불러 감사를 표현해 보시기 바랍니다.

그분의 이름을 높이는 방법은 우리의 찬양과 기도, 거룩한 그리스도인의 삶과 헌금, 또 다른 여러 가지 방법이 있습니다. 그분께 감사를 드리며, 그분의 이름을 높이며, 찬양해 보시기 바랍니다. 여러분에게 항상 기쁨과 즐거움, 그리고 감사가 넘치는 생활이 될 것입니다.

화가 나더라도 감사를

★ 어떤 친구와 다투거나 아침 언짢은 일로 마음이 슬플 때, 감사를 하는 방법이 있습니다. 그것은 화가 날 때일수록 입으로, 마음으로 '주님 감사합니다', '주님 저를 구원해 주셔서 감사합니다.' 이렇게 되뇌어 보는 방법입니다.

불같은 성격도 이점을 실천할 때 변화를 일으킬 수 있습니다. 분이 나던 마음과 모든 것이 귀찮던 마음은 차츰 가라앉고, 평안과 주님을 향한 감사의 마음이 솟아나게 됩니다. 여러분도 그렇게 한번 해 보시기 바랍니다.

'주님, 감사합니다.'

'주님, 감사합니다.'

'주님, 감사합니다.'

'주님, 감사합니다.'

'주님, 감사합니다.'

'주님, 감사합니다.'

이렇게 계속 입술로 또는 마음속으로 감사를 계속하면, 어느새 분을 내던 내 마음이 가라앉아 감사의 마음으로 변하고 있음을 알 수 있을 것입니다. 더 나아가서, 감사는 이렇게 구체적으로 표현할 수 있습니다.

'주님, 저를 구원해 주시니 감사합니다.'

'주님, 저를 용서해 주셔서 감사합니다.'

'주님, 저를 선택해 주셔서 감사합니다.'

'주님, 저를 십자가의 피로써 구속해 주셔서 감사합니다.'

이런 감사의 말씀을 계속 주문을 외듯이 계속하면 마음에 평안이 찾아오고, 주님께서 함께 하시고 계심을 알 수 있으며, 마음이 편안해 지면서 주님께서 나와 함께 하시고 계심을 참으로 마음 속 깊이 깨달을 수 있게 될 것입니다.

감사는 마음에 평안과 고요를 가져다줍니다. 앞에서 살펴보았듯이 감사는 찬송과 기도, 감사의 고백, 그리고 감사의 예물들이 있을 수 있습니다. 그 어느 것이든 감사는 마음과 영혼의 기쁨입니다. 내 메말랐던 영혼을 감사의 기쁨으로 채우게 되는 것입니다.

감사하는 생활이 지속되면 될수록, 나의 영혼이 맑아지므로, 나의 얼굴에도 그리스도의 미소가 나타나고, 감사로부터 오는 기쁨이 충만한 생활이 계속 유지될 수 있을 것입니다. 감사는 그리스도 안에서 충만한 기쁨을 누리는 생활인 것입니다.

성령님의 도우심을 구함

★ 요한복음 15장에는 예수님께서 하늘나라로 가실 것을 말씀하시면서 그분이 이 세상에 있지 않고 아버지 하나님께로 가시는 것이 우리에 더 유익할 것이라는 이유에 대하여 제자들에게 설명합니다.

예수님의 고난은 슬프고 고통스러운 것이었지만, 그분께서 친히 고난 당하심으로 우리에게는 이보다 더 복되고 좋은 소식이 있을 수 없었습니다. 성경 이사야서에 기록된 대로 그분이 '고난과 질고'를 당하심으로 우리가 나음을 입게 되었고, 그분이 피를 흘리심으로 우리가 구원을 얻게 되었기 때문입니다.

죄로 죽을 수밖에 없었던 우리들은 예수 그리스도의 보혈의 피로써 깨끗하게 씻김을 받아, 영원한 천국, 우리의 본향인 천국을 향해

갈 수 있게 되었습니다. 그분의 희생 덕분에 우리는 이 세상에서 '믿음'을 보전 받게 되었으며, 그분께서 약속하신 '보혜사'이신 성령님을 기다릴 수 있게 되었습니다.

'보혜사'라는 뜻은 성경 원문, 즉 성경이 기록될 당시의 보편적 언어였던 당시의 그리스어로 '파라클레토스'라는 말입니다. 이 의미는 우리의 '상담자'라는 의미이며, 우리 말 성경의 한자어의 뜻대로 풀이하면, 우리를 은혜로 '보호하시는 분'으로, 우리를 위하여 대언해주시며, 우리를 위하여 말씀하시는 분으로 이해할 수 있습니다.

우리를 은혜 가운데 있도록 도우시고, 보호하시는 분, 그분은 제 3위의 하나님으로 우리를 위하여 모든 것을 베푸시며, 도우시고, 함께하시고 계십니다. 죄로 죽을 수밖에 없던 우리를 예수 그리스도께서 친히 보혈의 피로 씻으시고, 우리를 고쳐주셨습니다.

이제 우리는 그리스도의 이름으로 오신 성부 하나님께로부터 '보혜사'이신 성령님께서 우리를 저 천국으로 인도하시고, 우리가 낙오되지 않도록 보호하시고 도우시고 인도하시고 계십니다. 우리는 보혜사 성령님의 도우심으로 죄를 고백하고 예수 그리스도를 아는 은혜 가운데 있게 될 것입니다. 이것이 성령님의 사역이시고, 우리 성도들이 신앙생활을 지속할 수 있는 원천이 되는 것입니다.

우리는 성령님의 도우심으로 이 세상 가운데 살면서 '믿음'을 보전 받게 되었습니다. 주님께서 그분의 이름을 '보혜사'라고 말씀하셨습니다. 우리를 보호하시는 분, 우리와 함께 하시는 분, 보혜사 성령님은 또한 교회를 위하여 성도들에게 여러 가지 은사를 부여하셔서 일꾼으로 세우십니다. 이 은사는 성도 각자에게는 선물이 됩니다.

고린도전서 12장에는 성도들이 받는 다양한 각양의 은사들을 설명합니다. 어떤 이에게는 믿음을, 어떤 이에게는 병 고치는 은사를, 어떤 이에게는 방언함을, 어떤 이에게는 방언 통역함을, 어떤 이에게는 예언의 은사를, 어떤 이에게는 지식의 말씀, 어떤 이에게는 믿음을, 성령님께서 성도 각자에게 선물로 주신다고 말씀합니다.

성령님께서 주시는 은사는 다르지만, 성령님은 한분이시고, 이 모든 은사들이 우리 성도들에게 끼치는 가장 중요한 단 한 가지는, 바로 우리 모두가 예수 그리스도의 은혜 가운데 있게 하고, 우리로 하여금 주 예수 그리스도의 충실한 가지로써 포도나무이신 그분께 잘 붙어 있기를 바라시고 보전해 주시기를 원하신다는 것입니다.

성령님께서는 우리가 고통 가운데서 울 때나, 혹은 우리가 죄를 지으므로 슬픔가운데 빠져 있다 할지라도, 우리를 대신하여 말할 수 없는 탄식으로 우리를 위하여 대신 하나님께 간구하시는 분이십니다. 그분은 예수님의 이름으로 오셔서, 우리에게 죄와, 의, 심판에 책망을 하시기도 하십니다. (요16:8-10)

또한, 성령님의 역할은 우리에게 성부 하나님과 성자 예수 그리스도에 대하여 우리 성도들이 알게 하시는 것입니다. 우리 자신이 죄를 고백하고 맑고 깨끗하게 예수 그리스도 안에서 인생의 미래를 살아갈 수 있도록 도우시고 계시는 것입니다. 이 얼마나 기쁜 일입니까? 또한 우리 성도들에게 감사가 넘쳐나는 일이 아니겠습니까? 성도의 구원이 여기에 있는 것입니다. 이것이 성도들이 기뻐해야 하는 이유이고, 성도들이 감사하는 생활의 이유가 되는 것입니다.

예수님께서 십자가에 달려 돌아가셨다가 부활하시고, 승천하신 이후, 오순절 마가의 다락방에 오셨던 성령님의 역사처럼, 바로 오늘 우리에게 다가 오셔서 역사하심으로 우리의 믿음을 지도하시고, 우리의 갈 길을 인도해 주시고, 안내해 주십니다. 이 같은 성령님의 역사를 깨달음으로써 우리는 매일매일 감사할 수 있게 되는 것입니다.

하루 세 번 감사의 생활화

★ 이제 우리가 할 일은 매일 감사를 세 번씩 실천하는 것입니다. 물론 우리의 궁극적인 감사는 예수 그리스도의 피 흘리심과 속죄하신 사랑입니다. 이에 대한 감사의 표현은 기도와 찬송입니다.

하루에 세 번의 감사하는 생활은 이러한 사랑에 대한 최소한의 감사의 표시입니다. 감사는 기도와 아주 밀접한 관련이 있습니다. 감사는 예배로 표현되고, 예배의 일상은 기도이기 때문입니다. 성도들이 감사의 예배로서 표현할 수 있는 방법은 사적인 예배, 즉 기도의 행위로 나타나기 때문입니다.

기도는 하나님의 경외에 대한 표현이며, 하나님의 거룩하심을 찬양하며, 그분의 사랑과 그분의 자비하심에 대한 감사의 표현입니다.

아침과 저녁, 점심, 식사 시간에만 기도를 드려도 우리는 하루 세 번의 감사를 실천하고 있다고 할 수 있습니다. 굳이 의식적인 기도가 아니더라도 전철 안에서의 시간을 오락을 피하고 주님의 말씀을 묵상하며 깊이 침묵기도를 드릴 수 있습니다. 오로지 주님만 생각하는 것이죠.

시편은 고난 가운데 있을 때 아침과 점심 저녁에 탄식하며 기도하는 내용을 기록하고 있습니다. 우리가 고난과 고통으로 어려울 때 이렇게 기도한다면, 우리가 누리는 평안함으로 이제 하루 세 번의 감사를 누릴 수 있지 않을까요?

나는 하나님께 부르짖으리니 여호와께서 나를 구원하시리로다. 저녁과 아침과 정오에 내가 근심하여 탄식하리니 여호와께서 내 소리를 들으시리로다. (시55:16-17)

우리의 감사는 직장의 아침 출근시간과 더불어 잠간의 묵상, 그리고 점심시간이 지난 오후 일과 시작 전, 그리고 일과가 끝나는 저녁 무렵, 우리는 얼마든지 감사의 기도를 실천할 수 있습니다.

저녁 잠자리에 들기 전 하나님의 사랑을 생각하는 것은 성도의 기본적인 생활인 것입니다. 이렇게 감사를 실천하면 기도의 생활과 더불어 감사의 생활도 하루 세 번 이상 충분히 실천할 수 있게 되는 것이지요.

감사의 방법은 기도 이외에도 매일 흥얼거리며 부르는 찬송에서도 그 감사의 생활을 드릴 수 있습니다. 일찍 퇴근 한 저녁 아내와 복음성가를 부르며, 가정의 화목을 다지는 것 또한 감사하는 생활의 시작입니다. 교회에서 시간을 정하여 찬송을 부르며, 하나님을 찬양하며 주님께 드리는 사적인 감사의 예배는 행복의 시작이기도 할 것입니다.

성도 여러분! 이제 감사를 생활화합시다. 아무리 어렵고 힘들어도, 우리를 도우시는 분, 주님께서 여러분과 함께 계시지 않습니까? 그분이 나와 함께 하신다면, 아무리 오늘이 힘들어도 주님께서 계신 천국을 바라보며 힘을 얻을 수 있지 않을까요?

길을 걸어도 '좁을 길을 주와 함께 걸으며, 매일매일 주를 위해 일하며, 기도하며 성경 말씀 읽는 것, 이 길이 행복의 길일세.' 우리의 행복은 여기에 있는 것입니다. 주님을 사랑하며 사는 것, 이것이 우리의 감사이며, 우리의 삶의 이유입니다.

3. 하루 세번 감사의 결과

감사의 결과는 주님 안에서의 행복

★ 우리의 행복의 시작은 예수 그리스도입니다. 그분이 매일 함께 계심을 감사하며, 감사를 실천하면, 하루 세 번의 감사는 이제 더욱 늘어나 매일매일 주님과 동행하며 기뻐하며 감사하는 행복한 삶으로 여러분을 인도할 것입니다.

처음 감사의 목적은 우리가 힘들어도 주님을 생각하는 것이고, 그분의 은혜에 감사하는 것이었습니다. 그러나 이제 우리의 생활은 소극적인 감사에서 벗어나 적극적으로 그분의 고난과 부활을 전하며 사는 것입니다.

이제 여러분의 감사가 넘쳐 나도록 여러분의 이웃에 복음을 전해 보십시오. 성령님의 본래 성품이 우리에게 기쁨과 즐거움을 주시는 것이기 때문에, 복음이 전해질 때마다 여러분에게 주어지는 기쁨은 일반적인 기쁨과는 다를 것입니다. 한 영혼에 대한 깊은 사랑, 그것이 바로 주님의 뜻이며, 지상명령이기도 한 것입니다. 땅 끝까지 복음을 전하라는 것이죠.

이제 여러분의 생활을 감사로 채워보십시오. 이 감사는 적극적으로 가난한 이웃에 대한 봉사와 전도, 그리고 선교입니다. 먼 나라, 가보지 못한 아프리카와 같은 가난한 나라에도 선교비를 보내며 선교사를 후원할 수 있는 것도 바로 이런 감사가 넘치기 때문에 실천할 수 있는 것입니다.

우리 주님께서는 우리의 부족한 부분을 아시고, 모든 쓸 것을 채우신다고 약속하셨습니다. 주님을 사랑하는 여러분! 여러분의 생활에 감사가 넘치도록 채우십시오. 이제 피동적이고 수동적인 것에서 벗어나, 여러분 각자 나름대로의 적극적인 감사의 방향을 찾아보십시오. 이 감사는 예수 그리스도에 대한 복음을 전파함으로써 완성되어지며, 여러분의 삶에 주님께서 함께 하시고 계시다는 기쁨과 행복을 함께 느낄 수 있도록 안내할 것입니다.

성도 여러분! 여러분의 삶에 감사가 넘치도록 하십시오. 여러분의 일상 가운데 항상 주님과 함께 하는 그 기쁨이 항상 넘쳐나게 하십시오. 이 감사의 기쁨은 주님께서 주시는 것이며, 매일매일 주님께서 함께 하시고 계시다는 것을 체험하는 기쁨입니다. 이 기쁨을 여러분의 이웃과 나눠 보십시오. 그러면 여러분의 감사의 분량이 배가될 것이며, 여러분의 삶의 목적이 더욱 분명해 질 것입니다. 또한 감사의 은혜가 여러분의 주위를 감싸고 있음을 깨닫게 될 것입니다.

우리 모두, 주님께 감사! 주님께 찬미!

성령님과 동행하는 기쁨의 삶

★ 하루에 세 번씩 감사하는 생활을 하게 되면 분명하게 나타나는 하나의 삶의 법칙이 생겨나게 됩니다. 바로 '성령님과 동행하는 삶'이 시작되는 것입니다.

성령님은 예수 그리스도의 이름으로 우리에게 오시는 영으로 '우리를 도우시는 분', '우리를 보호하시는 분', '조언자', '은혜로 보호하시는 분'이시기 때문입니다. 그래서 성령님의 다른 이름은 '보혜사'라는 사실을 이미 앞에서 살펴본 바 있습니다.

요한복음 14장과 15장에는 예수님께서 보내실 성령님에 대하여 제자들에게 말씀하신 내용이 기록되어 있습니다. 예수님의 말씀을 살펴보면 성령님이 어떤 분이신지 우리가 이해할 수 있을 것입니다.

보혜사 곧 아버지께서 내 이름으로 보내실 성령 그가 너희에게 모든 것을 가르치고 내가 너희에게 말한 모든 것을 생각나게 하리라. (요14:26)

내가 아버지께로부터 너희에게 보낼 보혜사 곧 아버지께로부터 나오시는 진리의 성령이 오실 때에 그가 나를 증언하실 것이요. (요 15:26)

그러나 진리의 성령이 오시면 그가 너희를 모든 진리 가운데로 인도하시리니 그가 스스로 말하지 않고 오직 들은 것을 말하며 장래 일을 너희에게 알리시리라. (요 16:13)

이 말씀을 하시고 그들을 향하사 숨을 내쉬며 이르시되 성령을 받으라. (요 20:22)

성령님께서는 우리 그리스도인들을 주님의 품으로부터 떨어지지 않게 하고, 또한 우리를 주님께로 가까이 나아갈 수 있도록 인도해 주십니다. 매일 감사가 넘치는 생활은 예수 그리스도 안에서 기쁨이 넘치는 생활입니다. 이는 성령님께서 우리의 마음을 감동시키시므로, 매일 우리가 주님과 동행하는 삶을 살 수 있게 되는 것입니다.

감사가 넘치면 행복해지듯이 성령님과 동행하는 삶을 살게 되면, 우리의 마음이 주님의 대속의 사랑을 항상 잊지 않고 깨닫게 되고, 기쁨이 넘치는 생활을 유지할 수 있게 됩니다. 갈라디아서는 성령님의 열매가 희락이라고 말씀해 주고 있기 때문입니다.

오직 성령의 열매는 사랑과 희락과 화평과 오래 참음과 자비와 양선과 충성과 온유와 절제니 이 같은 것을 금지할 법이 없느니라. (갈 5:22-23)

매일 주님의 사랑을 생각하고, 그분의 희생에 감격하고 그분의 사랑을 노래하면 할수록 마음엔 기쁨과 감사가 넘치는 생활이 지속되고, 매일매일 성령님과 동행하는 삶이 지속될 것입니다. 찬송가에 있는 가사처럼 매일 성령님과 동행하는 그 즐거움이 매일 찾아오게 될 것입니다.

내가 매일 순례의 길 행함은 주의 팔이 나를 안보함이요.
내가 주의 큰 복을 받는 참된 비결은 주의 영이 함께 함이라.
성령이 계시네 할렐루야 함께 계시네.
좁은 길을 걸으며 밤낮 기뻐하는 것 주의 영이 함께 함이라.

매일 감사하는 생활은 '성령님과 함께 동행하는 삶'입니다. 감사가 넘치면 성령님과 동행하는 삶이 되고, 성령님과 동행하면, 기쁨이 넘치게 됩니다. 기쁨이 넘치면 또 감사가 넘치게 되고, 주님께서 속죄의 보혈의 피를 흘리신 대속의 사랑에 감사가 넘치면, 우리의 생활은 기쁨이 찾아오게 되는 것입니다. 그래서 영혼이 잘됨같이 모든 일에 잘되고 강건해지는 것입니다. 영과 육 모두가 잘되는 것이지요.

감사의 결과는 전도의 열매를 맺는 복

★ 우리 그리스도인들은 예수 그리스도를 알고 그분을 사랑하게 되어, 그분 안에서 평강을 얻으며 그분 안에서 기쁨을 누리는 생활을 하게 됩니다.

이것은 이 세상이 전혀 이해할 수 없는 그리스도 예수 안에서의 생활이며, 그리스도 예수 안에서 누리는 평안함과 기쁨입니다. 그리스도인의 생활은 바로 이런 것입니다.

이제 이 예수를 앎으로 우리의 생활은 감사와 기쁨이 넘치게 됩니다. 이 감사는 오직 예수 그리스도 안에서 우리의 죄를 속량하시고 우리를 죄 가운데서 건져내셨으며, 우리를 구속, 곧 죄 사함을 입게 하는 데서 오는 기쁨과 성령님의 충만한 생활에서 오는 기쁨입니다.

이 감사와 기쁨이 넘치는 생활은 그 삶의 모습으로 확연하게 나타날 것입니다. 그것은 바로 옆에 형제와 친구, 그리고 이웃들에게 이 기쁨을 전하지 않을 수 없는 강렬한 욕구가 일어나게 된다고 하는 것입니다. 이웃에게 전하려는 강렬한 욕구가 나타나는 이유는 바로 그리스도인 자신에게 넘치는 그리스도의 사랑에 대한 감사와 기쁨이 끝없이 넘쳐나기 때문입니다.

여러분은 항상 그리스도의 사랑에 감사가 넘치도록 기도 가운데 성령님의 충만함을 받으십시오. 성령님은 제3위의 하나님으로 우리 안에 영으로 거하십니다. 그분의 역할은 바로 여러분을 예수 그리스도의 자녀가 된 기쁨을 전하고 여러분이 그 기쁨을 유지할 수 있도록 하기 위해서 오셨습니다.

성령님께서 여러분의 마음을 기쁨이 넘치게 하고, 예수 그리스도에 대한 감사가 넘치게 하는데 여러분이 여러분 이웃에게 전하지 않고 견딜 수 있겠습니까? 성도의 가정에 혼인과 같은 경사스런 일이 있으면, 여러분의 친지, 이웃, 친구들을 모두 불러 그 기쁨을 함께 나누지 않습니까?

예수 그리스도의 구속의 은혜의 감격을 입은 사람이라면, 이제 내 죄가 사해졌다는 죄로부터의 자유가 여러분을 감싸는 것을 경험하였을 것입니다. 죄의 속량, 즉 죄의 구속함에 대한 감사가 넘치게 되면, 아마 여러분을 여러분의 이웃에게 그 사실을 막 전해주고 싶어지게 될 것입니다. 그리고 이야기하고 싶어 견딜 수 없을 것입니다. 전도란 이렇게 시작되는 것입니다.

우리가 누리는 이 천국잔치의 기쁨에 여러분의 이웃을 초청해서 이야기를 듣게 하고 싶고, 알려주고 싶은 충동을 여러분은 느끼지 않습니까? 그리스도에 대한 감사는 이렇게 전도로 그 모습이 나타납니다. 이웃에게 주님께서 베푸신 은혜에 대한 감사를 전하게 되면, 주님의 지상명령이 생각날 것입니다.

예수께서 나아와 말씀하여 이르시되 하늘과 땅의 모든 권세를 내게 주셨으니, 그러므로 너희는 가서 모든 민족을 제자로 삼아 아버지와 아들과 성령의 이름으로 세례를 베풀고, 내가 너희에게 분부한 모든 것을 가르쳐 지키게 하라 볼지어다. 내가 세상 끝 날까지 너희와 항상 함께 있으리라 하시니라. (마 28:18-20)

사실 예수님의 명령이면, 그 명령을 실행하는 것이 맞습니다. 제자들의 삶을 보면 그것이 잘 나타나 있습니다. 제자들이 땅 끝까지 나아가 복음을 전하기 시작한 것은 성령님의 인도함을 받아 이루어진 것이었습니다.

제자들이 예수님의 말씀대로 마가의 다락방에 모여 예수님께서 약속하신 성령님을 기다리며 간절히 기도하였습니다. 이 기도는 주님께서 약속하신 성령님을 갈구하는 간절한 기도였습니다. 그 결과 각 사람의 머리 위에 불의 혀같이 갈라지는 성령님의 임재가 제자들 모두에게 일어났고, 제자들은 성령님의 충만함을 입었습니다.

제자들은 이제 나가서 수많은 사람들에게 복음을 전하기 시작합니다. 복음을 전할 때 제자들이 다른 나라의 방언으로 말하기 시작하자, 국외에서 방문한 사람들이 자신의 나라의 언어로 말하는 제자들의 증언을 듣게 됩니다. 제자들의 성령 충만은 곧 이적과 표적을 나타내었으며, 수많은 사람들이 회개하고 예수 그리스도를 구세주로 영접하게 했습니다. 이것이 사도행전의 기록입니다.

오순절 날이 이미 이르매 그들이 다같이 한 곳에 모였더니, 홀연히 하늘로부터 급하고 강한 바람 같은 소리가 있어 그들이 앉은 온 집에 가득하며, 마치 불의 혀처럼 갈라지는 것들이 그들에게 보여 각 사람

위에 하나씩 임하여 있더니, 그들이 다 성령의 충만함을 받고 성령이 말하게 하심을 따라 다른 언어들로 말하기를 시작하니라. 그 때에 경건한 유대인들이 천하 각국으로부터 와서 예루살렘에 머물러 있더니, 이 소리가 나매 큰 무리가 모여 각각 자기의 방언으로 제자들이 말하는 것을 듣고 소동하여, 다 놀라 신기하게 여겨 이르되 보라 이 말하는 사람들이 다 갈릴리 사람이 아니냐. 우리가 우리 각 사람이 난 곳 방언으로 듣게 되는 것이 어찌 됨이냐. 우리는 바대인과 메대인과 엘람인과 또 메소보다미아, 유대와 갑바도기아, 본도와 아시아, 브루기아와 밤빌리아, 애굽과 및 구레네에 가까운 리비야 여러 지방에 사는 사람들과 로마로부터 온 나그네 곧 유대인과 유대교에 들어온 사람들과 그레데인과 아라비아인들이라. 우리가 다 우리의 각 언어로 하나님의 큰 일을 말함을 듣는도다 하고, 다 놀라며 당황하여 서로 이르되 이 어찌 된 일이냐 하며, 또 어떤 이들은 조롱하여 이르되 그들이 새 술에 취하였다 하더라. 베드로가 열한 사도와 함께 서서 소리를 높여 이르되 유대인들과 예루살렘에 사는 모든 사람들아 이 일을 너희로 알게 할 것이니 내 말에 귀를 기울이라. 때가 제 삼 시니 너희 생각과 같이 이 사람들이 취한 것이 아니라. (행 2:1-14)

여기서 무엇을 알 수 있습니까? 오늘날의 전도방법과 무엇이 다릅니까? 제자들은 성령님의 충만함을 입어 복음을 전하지 않고는 견딜 수 없어, 이웃에게 나가서 복음을 전하기 시작합니다. 그리고 거기에는 누가 권한 것도 아니었고, 이들이 전하는 복음에는 위력과 능력이 있었습니다.

우리가 알 수 있는 것은 성령님의 충만함으로 감사와 기쁨이 넘치게 되면 전도는 자연스럽게 이웃에게 복음을 전하게 된다는 것입니다.

감사가 넘치는 생활은 예수 그리스도의 구속의 은혜에 대하여 깊이 감사하는 생활이며, 이 생활은 기쁨이 넘치는 성령님이 충만한 생활입니다. 이 생활은 다시 감사를 불러오고 성령님이 충만한 생활을 자연스럽게 부여합니다. 이웃에게 기쁨을 전하는 감사의 생활을 누려보십시오.

다니엘이 하루 세 번 시간을 정하여 일평생 꾸준히 감사의 기도를 드렸던 결과는 말할 수 없는 하나님의 위대한 능력이었습니다. 그리고 미래의 하나님의 계획을 알려주신 성령님의 충만한 생활이었습니다. 그리고 그의 능역을 보고 수많은 위정자들이 하나님의 능력의 위대함을 알게 되었습니다.

여러분! 기도하면서 성령님의 충만한 생활을 누리십시오. 그렇게 하면 자연스럽게 이웃에게 기쁨의 복음을 전하는 생활로 여러분의 생활이 변모하게 될 것입니다. 로마서에 나타난 사도 바울의 고백을 들으며, 감사가 넘치는, 감사로 충만한 생활이 되시기 바랍니다.

먼저 내가 예수 그리스도로 말미암아 너희 모든 사람에 관하여 내 하나님께 감사함은 너희 믿음이 온 세상에 전파됨이로다. (롬 1:8)

제2장

하루 삼십 분 기도

모든 기도와 간구를 하되 항상 성령 안에서 기도
하고 이를 위하여 깨어 구하기를 항상 힘쓰며 여
러 성도를 위하여 구하라. (엡 6:18)

1. 기도란 무엇인가?

기도는 하나님과의 영적인 대화

🍁 우리가 기도를 말할 때는 기도란 하나님과의 영적인 대화이며, 하나님과의 교제라고 이야기 합니다.

하나님께서는 끊임없이 우리를 부르시고, 하나님을 찾는 이로 하여금 하나님의 사랑을 깨닫게 하며, 하나님께서 그에게 말씀하시겠다는 사실을 성경을 통해서 알려주시고 계십니다.

성경은 하나님을 사랑하는 자들이 하나님의 사랑을 입을 것이며, 하나님을 간절히 찾는 자가 하나님을 만날 것(잠8:17)이라고 기록합니다.

기도는 우리의 상황을 하나님께 아뢰는 것이며, 우리의 필요한 것을 구하는 것이기도 합니다. 우리는 어려움에 처할 때에도 주님의 구원의 약속을 믿으며, 주님의 도우심을 기다립니다. 이것이 우리 성도들의 삶입니다.

그뿐만 아니라, 우리 영혼이 어려움과 곤궁해 처해 있을 대에도 주님께 구하며, 또한 이웃이나 사회가 어려움 가운데 있을 때에도 주님께 말씀을 드리며 주님의 도우심을 구하며 바라게 됩니다. 이것을 확증할 수 있는 것은 주님께서 구하는 자에게 베푸신다는 사실을 성경을 통하여 끊임없이 말씀하시고 계시기 때문입니다.

시편 91편 14절은 우리가 하나님을 사랑하는 결과가 어떤 것인지를 알려줍니다.

하나님이 이르시되 그가 나를 사랑한즉 내가 그를 건지리라 그가 내 이름을 안즉 내가 그를 높이리라. (시 91:14)

나를 사랑하는 자들이 나의 사랑을 입으며 나를 간절히 찾는 자가 나를 만날 것이니라. (잠 8:17)

우리가 하나님을 사랑하는 방법은 기도입니다. 기도를 통하여 주님과 대화를 나누며 주님을 만나게 됩니다. 하나님께서는 우리의 기도를 통하여 영광을 받으시고 우리와 함께 말씀을 하시기를 원하시기 때문입니다. 기도는 하나님과의 영적인 대화입니다. 성경을 통하여 기도에 대한 말씀들을 찾아보면 기도가 하나님과의 대화라는 것을 알 수가 있습니다.

여호와께서 말씀하시되 오라 우리가 서로 변론하자 너희의 죄가 주
홍 같을지라도 눈과 같이 희어질 것이요 진홍 같이 붉을지라도 양털
같이 희게 되리라. (사 1:18)

기도는 하나님께서 우리 인간들에게 말씀하시는 방법이며, 인간들
에게 하나님의 뜻을 나타내는 방법인 것입니다.

기도는 영혼의 호흡

🍁 우리의 생명을 유지하기 위해서는 우리의 호흡기로 숨을 끊임없
이 쉬어야 하는 것처럼, 우리의 영혼 또한 생명을 유지하기 위해서는
우리의 영이 말씀과 기도를 통하여 호흡을 하며 살아야 합니다. 그래
서 기도는 영혼의 호흡이라고 말합니다.

데살로니가전서 5장 17절은 우리 성도들이 '쉬지 말고 기도하라'고
하여 항상 기도에 힘쓰기를 명령하고 있습니다. 또한 로마서 12장 12
절에도 '소망 중에 즐거워하며, 환난 중에 참으며 기도에 항상 힘쓰라'
고 가르치고 있습니다.

우리 성도들은 그리스도 예수 안에서 하나님과 대화하며, 주님의
음성을 듣고, 주님께 우리의 사정을 아뢰게 됩니다. 우리의 영이 생명

을 유지하기 위하여 하나님과 대화를 하며 영적인 생명을 유지하는 방법이 바로 기도입니다.

우리의 영혼은 매일매일 주님께 나아가 그분의 음성을 들으며, 우리의 상황을 아뢰어야 하는 것임을 알 수 있습니다.

기도는 일회성으로 끝나거나, 필요할 때만 하는 것이 아니라, 지속적으로 유지되어야 하는 생명수인 것입니다. 우리가 참 포도나무이신 예수 그리스도께 접붙임으로 그 생명수를 마심으로 건강하고 튼튼한 가지로 자라갈 수 있게 됩니다.

우리의 생활은 주님을 중심으로 이루어질 것이며, 우리의 삶의 목적 또한 오로지 주님만을 의지하게 되어야 하는 것입니다. 이것이 그리스도인의 삶의 방향이며 태도입니다.

기도는 예수님의 이름으로 성부 하나님께 드려지는 것입니다. 그러나 때때로 우리는 성자이신 예수 그리스도나 성령님의 도우심을 구하기도 합니다. 우리는 삼위일체 하나님께 끊임없이 쉬지 않고 기도하는 것이 우리 그리스도인의 삶이라는 사실을 잊어서는 안됩니다.

기도는 구하고 찾고 문을 두드리는 것

★ 예수님께서는 우리가 구해야 될 것에 대하여 이렇게 말씀하셨습니다.

구하라 그리하면 너희에게 주실 것이요 찾으라 그리하면 찾아낼 것이요 문을 두드리라 그리하면 너희에게 열릴 것이니 (마 7:7)

이와 같이 기도는 우리 주님께 끊임없이 구하고, 찾으며, 주님을 향하여 문을 두드리는 것입니다. 그렇게 하면 주님께서 허락하시고 하시는 모든 것을 우리에게 허락하실 것입니다.

주님께서는 우리에게 다가오셔서 말씀하시고 싶어 하십니다. 그리고 우리가 간구하는 것들에 대하여 모두 들어주시기를 원하십니다. 우리가 구하여야 하거나, 또한 구할 수 있는 것들은 주님께서 가르쳐 주신 기도문 안에 나타난 여러 가지 것들입니다.

하나님의 이름이 높아져 영광을 받으실 것, 우리의 죄를 사하여 달라는 것, 우리의 일용할 양식을 달라는 것, 우리가 죄와 악에 빠지지 않게 도와주시기를 바라는 것. 이 모든 것이 우리가 구할 것이며, 주님께서 가르쳐주신 기도문 안에 들어있음을 알 수 있습니다. 그 가운데서도 가장 중요한 것은 우리가 일용할 양식 가운데서 우리의 영이 살아갈 수 있는 양식, 바로 예수 그리스도를 우리가 알고, 믿고, 그분의 말씀을 받아들이며, 그분과 함께 하는 삶을 사는 것입니다. 예수님께서는 우리에게 끊임없이 다가오셔서 우리에게 말씀하시고 계십니다.

볼지어다 내가 문 밖에 서서 두드리노니 누구든지 내 음성을 듣고 문을 열면 내가 그에게로 들어가 그와 더불어 먹고 그는 나와 더불어 먹으리라. (계 3:20)

예수님께서 우리에게 주시고 싶어 하시는 것은 바로 그분 자신이셨습니다. 그분께서 우리와 함께 하실 때, 우리는 위로를 얻고, 평안을 얻으며, 이 모든 일들이 순탄하게 풀려나감을 알 수 있습니다. 그분의 지고 가신 십자가의 겸손과 온유의 짐을 우리도 짊어지고 나가며 평안 또한 누릴 수 있게 되는 것입니다.

수고하고 무거운 짐 진 자들아 다 내게로 오라 내가 너희를 쉬게 하리라. 나는 마음이 온유하고 겸손하니 나의 멍에를 메고 내게 배우라. 그리하면 너희 마음이 쉼을 얻으리니, 이는 내 멍에는 쉽고 내 짐은 가벼움이라 하시니라. (마 11:28-31)

우리는 가끔 세상의 것들을 구할 때가 있습니다. 그러나 우리의 마음이 평안과 쉼을 얻으려면, 주님을 향하여 구하는 것들이 우리의 정욕이나 육신의 쾌락을 위하여 구하는 것이 아니어야 합니다.

주님께 기도를 드릴 때에는 주 예수 그리스도를 아는 것과 그분의 나라를 위하여, 그리고 그분이 주시는 우리의 영혼의 양식을 위하여, 또한 주님께 영광이 되는 일들을 구하여야 하는 것입니다. 남에게 드러내기 위함이나 마음의 탐심을 위하여 구하는 것은 바람직

하지 못한 것입니다. 주님께 구하고, 찾고, 문을 두드릴 때 주의할 점은 바로 이것입니다.

우리 주님께서는 약속하셨습니다. 주님을 찾는 자에게 응답하실 것이라고 말입니다. 그 약속을 믿는다면, 매일매일 기도하는 것은 좋은 일입니다. 주님의 약속의 말씀을 되새겨 봅니다.

너희가 내게 부르짖으며 내게 와서 기도하면 내가 너희들의 기도를 들을 것이요. 너희가 온 마음으로 나를 구하면 나를 찾을 것이요 나를 만나리라. (렘 29:12-13)

2. 기도의 생활화

기도를 생활화하자

🍁 사실 교회에 오래 다닌 사람이라 하더라도 기도한다고 하는 것이 쉬운 일은 아닙니다. 그만큼 기도생활이 어렵다는 이야기일 것입니다. 기도를 최근 시작하는 사람들에게 권하고 싶은 말이 있습니다. 매일 매일 조금씩 기도하는 시간을 늘여가라는 말입니다. 이렇게 기도하는 생활을 지속하다가 보면 자연스럽게 기도가 몸에 체득이 되고 생활화됨을 알 수 있을 것입니다.

성경은 '항상 깨어 있어 기도하라'라고 가르칩니다. 기도가 무엇인지조차 사실 모르고 지나치는 경우가 많이 있습니다. 기도는 우리의 삶이어야 하고 하나님과의 관계에서 반드시 매일매일 생활처럼 여겨져야만 합니다.

우리는 육신의 몸을 위해 한끼 식사를 하듯이 영의 양식인 말씀을 먹지 않으면 살수 없습니다. 기도는 하나님과의 대화이며, 주님과 만나는 시간이 됩니다. 그리고 주님의 음성을 듣는 시간이 되며, 주님과의 교통의 시간이 되기도 합니다. 그래서 기도는 반드시 성도의 생활이 되어야 하는 것입니다.

그렇다면 기도를 생활화 하는 방법은 무엇일까요? 예수님께서는 우리 성도들이 항상 깨어 있어 기도에 힘쓸 것을 말씀하셨습니다.

예수께서 그들에게 항상 기도하고 낙심하지 말아야 할 것을 비유로 말씀하여 (눅 18:1)

이러므로 너희는 장차 올 이 모든 일을 능히 피하고 인자 앞에 서도록 항상 기도하며 깨어 있으라 하시니라. (눅 21:36)

성경 여러 곳곳에는 우리 성도들이 항상 깨어 기도할 것을 명령하고 있음을 분명하게 보여주고 있습니다.

의인이 나를 칠지라도 은혜로 여기며 책망할지라도 머리의 기름 같이 여겨서 내 머리가 이를 거절하지 아니할지라. 그들의 재난 중에도 내가 항상 기도하리로다. (시 141:5)

모든 기도와 간구를 하되 항상 성령 안에서 기도하고 이를 위하여 깨어 구하기를 항상 힘쓰며 여러 성도를 위하여 구하라.(엡 6:18)

쉬지 말고 기도하라. (살전 5:17)

참 과부로서 외로운 자는 하나님께 소망을 두어 주야로 항상 간구와 기도를 하거니와 (딤전 5:5)

성경은 우리 성도들에게 항상 기도할 것을 명령하고 있습니다. 그렇다면 우리는 어떻게 하는 것이 좋을까요? 그것은 매일 아침마다, 혹은 점심, 저녁, 아니면 출근해서든 어느 시점이든 성경말씀을 가까이 하고, 묵상하며 하나님께 간구하는 습관을 가져야 한다는 것입니다.

이렇게 하면 하나님과 조용히 대화를 할 수 있고, 하나님과 가까이 하고 있음을 스스로 느낄 수 있게 된다는 것입니다. 또한 이렇게 기도하는 생활이 지속적으로 반복되면 스스로 기도하고 있다는 사실을 깨달을 수 있게 되며, 차츰 기도가 몸의 생활의 일부분처럼 들어와 있음을 알게 될 것입니다.

시간을 정하여 기도하는 습관

★ 기도의 방법에는 여러 가지가 있을 수 있습니다. 성경에는 기도하던 성도들의 모습을 여러 형태로 묘사하고 있습니다. 어떤 이는

조용하게 묵상하는 기도, 어떤 이들은 부르짖는 기도, 어떤 이들은 찬양을 드리는 기도, 어떤 이들은 너무 힘을 써서 기도하여 이제는 엎드리어 입술만 움직이며 드리는 기도의 모습을 설명하고 있습니다.

또한 어떤 경우에는 찬양의 형태로 드리는 기도, 어떤 경우에는 시간을 정하여 드리는 기도, 또 어떤 경우에는 예배를 드리는 가운데의 기도 등등 기도의 모습은 다양한 시간에 다양한 방법으로 드리고 있음을 볼 수가 있습니다.

우리는 교회에 출석하여 제일 먼저 예배의 의자에 앉는 순간부터 묵상하며 예배에 임하는 기도를 드리게 됩니다. 뿐만 아니라 어느 성도의 가정을 방문하거나 사업장을 방문할 때도, 제일 먼저 자리에 앉음과 동시에 묵상의 기도를 드리며 그 가정과 사업장을 축복합니다. 식사를 할 때에도 고개를 숙여 이 음식을 주신 하나님께 감사의 기도를 드립니다. 이미 성도들에게는 기도가 생활에 스며들어와 일상이 되고 있음을 알 수 있습니다.

이렇게 기도의 습관이 몸에 밴 성도들은 한 단계 더 나아가 시간을 정하여 하나님께 기도드리는 생활을 실천하게 됩니다. 기도하는 사람들은 시간을 정하여 드리는 기도가 영적 생활에 매우 중요하다는 사실을 깨달아야 합니다.

사업장이 어렵거나, 가정에 중대사가 있거나, 혹은 개인적으로 중요한 일들이 있을 경우에는 위기 극복을 위한 주님의 도우심의 손길이 필요하기 마련입니다.

위기상황에서 주님의 도우심을 구하는 기도가 필요한 경우에는 평시 지속적으로 시간을 정하여 드리는 기도의 습관이 매우 유용하게 주님의 마음을 움직이는 도구가 될 수 있음을 알 수 있습니다.

우리들에게 주님의 도우심이 필요한 시간이 언제 어느 때에나 쉽게 다가올 수 있습니다. 이때는 평시 안정적으로 기도하던 성도들도 위기상황으로 주님의 도우심을 간절히 구하는 기도가 더욱 필요해지는 것입니다.

가정생활이든 사회생활이든 교회생활이든 요소요소 분야분야 마다 바른 판단을 해야 할 일이 있고, 주님의 절대적인 도우심의 손길이 아니고는 도저히 해결되지 않을 일들이 발생될 수 있습니다.

위기상황이 다가오면 성도는 주님께 기도하지 않을 수 없습니다. 새벽기도의 간절한 필요성을 느끼는 때도 이 때입니다. 성경말씀이 받아들여지고 믿어지며, 주님께 간구하면 응답하실 것 같은 확실한 믿음이 일어나는 때도 바로 이 때입니다.

예배에 참석하여 하나님의 구체적인 도우심을 구하는 일들을 입술을 통하여 말씀을 드리게 되며, 주님의 신실한 응답과 약속의 말씀을 기대하게 됩니다.

성도는 이 같은 위기상황일수록 시간을 정하여 기도하는 습관을 가져야만 합니다.

새벽기도에 참석하면 수많은 성도들이 새벽 교회의 예배당에 나와 주님께 부르짖어 기도하는 모습을 볼 수 있습니다. 이렇게 새벽예배에 참석하여 간절한 기도를 드리는 사람들은 기도의 의미를 알며, 기도의 응답을 경험하여 본 사람들입니다. 그래서 남들이 다 잠들어 있는 새벽 미명의 시간에 집을 나와 교회를 향하여 새벽 성전을 찾아 기도에 몰입하는 것입니다. 이제 나름대로 시간을 정하여 기도하는 습관을 들여 보시기 바랍니다.

기도는 이와 같은 새벽기도와 같은 공예배의 시간 이외에도 시간을 정하여 기도하는 습관을 가지는 것이 좋습니다.

아침에 자리에서 일어나 5분 내지 10분간의 묵상기도, 점심을 먹고 일과를 시작하기 전, 성경말씀을 찾아 묵상하며 5분 내지 10분간의 중식시간의 기도, 저녁 식사 후, 텔레비전에 앉기 전에 오늘의 일과를 되짚어 보며, 10분간의 저녁 묵상 기도, 이렇게 하면 어렵지 않게 30분간의 기도를 실천할 수 있습니다. 또한 이렇게 하면 어느 때든 기도할 수 있는 시간을 마련할 수 있어서, 30분간의 기도 시간뿐만 아니라, 더 많은 기도시간을 드릴 수 있게 되는 것입니다.

시간을 정하여 기도를 드리기 시작하면, 기도의 습관이 붙기 시작합니다. 기도하는 생활을 지속적으로 유지하기 시작하면, 기도할 수 있는 시간이 조금씩 늘어나고 있음 또한 경험하게 될 것입니다.

소리 내어 기도하기

★ 묵상기도는 쉬운데, 막상 기도를 시작하면, 공중기도나 소리 내어 기도를 드리는 일이 그렇게 어렵게 느껴지는 경우가 많이 있습니다. 이는 아직 기도의 훈련이 완전히 되어 있지 않기 때문입니다.

시간을 정하여 기도를 시작하여 기도하는 시간이 늘어나지만, 막상 여러 사람 앞에서 기도하는 것이 아직 어색하게 느껴지고, 말씀이 막혀버리는 것은 바로 기도의 훈련이 부족하기 때문입니다.

여러 사람 앞에서 기도를 하려고 하면, 커다란 허공의 소용돌이가 빨아들이는 것처럼 머리가 빙빙 돌며 어질어질해지고, 당황해서 무엇을 말해야 될지 조차도 모르고,, 그냥 얼굴이 벌겋게 달아올라 화끈거리는 경우도 있습니다. 이점은 신앙의 연륜이 적은 성도들이 대부분 겪을 수 있는 기도에 대한 실질적인 문제들입니다. 오랫동안 교회에 다닌 성도라고 하더라도 공중기도에 익숙하지 않은 사람이라면, 충분히 겪을 수 있는 기도에 대한 실제적인 경험상 일어나는 사실들입니다.

묵상기도는 무릎을 꿇고 앉아서 고개를 숙이고, 예수님께서 함께하신다는 사실과 그분의 구원하심에 대한 믿음을 고백하게 됩니다. 이 기도는 어렵지 않게 느껴집니다. 그러나 막상 묵상기도를 해 보면, 묵상기도가 통성기도보다도 오히려 더 어렵다는 사실을 곧 알게 됩니다. 기도에 집중이 되지 않습니다. 기도의 훈련이 되지 않은 초보자의 경우에는 기도과정에서 나타나는 이런 고민을 충분히 이해하고 공감

할 수 있을 것이며, 아마 오랜 기도생활을 한 성도의 경우에도 초신자 때 이런 기도에 대한 경험이 있을 것입니다.

여러 사람들 앞에서 믿음을 고백하는 일이 그리 어렵게는 느껴지지 않습니다. 그러나 기도만큼은 쉽지 않습니다. 어느 정도 신앙의 연륜이 계신 분들도 기도를 시키면 기도가 막힌다고 이야기 합니다. 이것이 여러 사람 앞에서 기도를 드리면서 실제적으로 겪는 일들입니다. 그래서 모인 회중을 대표하여 기도하는 때에는 기도문을 써서 기도를 드리는 경우가 많이 있습니다.

어느 순간 믿음이 구체적으로 서게 되고, 믿음을 확증된 이후, 분명하게 기도를 드릴 수 있게 되고, 기도의 내용 또한 분명히 달라지기 시작합니다. 이전에는 믿음이 저 멀리 있는 듯한 느낌을 가졌고, 그냥 막연하게 기도를 하는 입장이었지만, 이제는 주님에 대한 구원의 확신을 가지고, 구체적이고도 사실적으로 기도를 드리고 있음을 알 수 있게 됩니다. 예수 그리스도의 대속의 죽으심, 그리고 부활하심, 승천과 다시 오실 것이란 사실이 분명하게 믿어집니다. 이때서야 비로소 제대로 주님께 기도를 드리고 있구나 하는 생각을 느낌으로 알게 될 것입니다.

확신에 찬 기도를 드리기 위해서는 기도에 대한 큰 두 가지의 훈련이 필요합니다.

첫째는, 성경말씀을 끊임없이 가까이 하고, 성경을 소리 내어 읽는 것입니다. 기도를 드리는 훈련에서 이보다 더 좋은 방법은 없습니다.

성경말씀을 읽을 때, 성경말씀은 기도의 내용과 주제가 됩니다. 성경말씀을 소리 내어 읽으므로 기도를 드릴 때에도 말씀에 따라 드리게 되어 기도를 드리는 내용이 분명하여 집니다. 또한 성경을 소리 내어 읽었던 기억에 의하여 또렷하고도 분명한 발음으로 하나님의 말씀을 기초로 기도를 드릴 수가 있게 되는 것입니다.

둘째는 기도를 소리 내어 드리는 습관을 가지는 것입니다.

아직까지 구체적이고 능숙하게 기도를 드리기 어렵다면, 첫 번째 훈련의 방법을 진행함과 동시에 다음과 같은 방법을 사용하는 것이 좋습니다. 이것은 기도를 종이에 써서 구체적으로 소리를 내어 드리는 습관을 가지는 것입니다.

기도는 소리를 내어서 구체적으로 드리는 것이 좋습니다. 물론 어느 정도 신앙의 연륜이 차고, 신앙의 깊이가 간직된다면, 그때는 깊은 묵상기도를 드려도 전혀 기도에 흔들림이 있을 수 있습니다. 이때는 마귀에게 방해를 받지 않고 오로지 주님만 생각하는 깊은 영적인 기도를 드릴 수 있는 단계가 되기 때문입니다. 그러나 아직은 그 정도의 능력이나 기술을 가진 단계가 아닙니다.

기도가 훈련되지 않은 사람이라면 기도문을 써서 소리 내어 읽는 습관을 가져 보시기 바랍니다. 그리고 지금 본인이 스스로 주님께 기도를 드리고 있다는 사실을 느낄 수 있도록 기도문을 써 보고, 소리 내어 읽어보시기 바랍니다. 그렇게 하면, 주님의 전에서 쉽게 기도를 드릴 수 있게 될 것입니다.

예수 그리스도를 입술로 시인하여 구원에 이를 수 있도록 소리 내어 기도문을 읽는 연습을 통하여, 믿음의 확증을 가져 보시기 바랍니다. 소리를 내어 주님께 기도를 드리는 것은 입술을 통하여 구원을 얻는 길이 되고, 믿음을 고백하는 방법이 되기 때문입니다.

시편 낭송과 주기도문을 통한 기도 훈련

★ 소리 내어 통성기도를 드리기 시작하였을 때, 내가 지금 올바르게 기도를 드리고 있는 것인지 고민이 되는 있습니다.

내가 과연 바르게 기도를 하고 있는 것인지, 이렇게 기도하면 되는 것인지, 기도가 맞는 것인지, 누구에게 말은 하지 못하고, 혼자서 끙끙거리며 고민하는 경우가 많이 있을 것입니다. 이 경우 연로하신 권사님들께도 권면하는 방법이 있습니다. 바로 성경 시편을 펴고 소리 내어 읽는 것입니다. 실제 기도는 그렇게 훈련하는 것이 좋습니다.

시편은 우리의 말로 번역하면 찬송가입니다. 시편이 고도의 아름다운 이스라엘 시문학 장르인 만큼, 소리 내어 낭송을 하면 할수록 주님께 드리는 아름다운 기도문이라는 사실을 발견하게 될 것입니다.

시편은 한편 한편이 기도문으로 이루어져 있습니다. 경제적 여유가 있는 사람들이라면, 쉬운 성경을 구입하여 소리를 내며 읽어보는 것도 좋은 방법입니다. 번역된 성경의 종류가 너무 많아서 성경을 고르는 일이 걱정이라면, 교역자와 상의하거나 대한성서공회에서 공인된 '표준 새번역' 성경을 구입하는 것도 좋은 방법입니다.

표준 새번역 성경은 정말 번역이 잘 된 성경입니다. 우리나라 최고의 신학자들이 모여 원래의 성경 원문에서 현재 사용하고 있는 우리말로 번역한 성경이니만큼, 성도들의 신앙생활에 큰 도움이 될 것입니다.

우리가 교회의 경전으로 채택하고 있는 개역개정 4판은 아직까지도 한자어에서 유래된 단어가 많고, 고어체로 쓰여 있어 읽기 어려운 면이 없잖아 있습니다.

지금 읽는 성경이 조금 읽기가 어렵고 딱딱하게 느껴진다면, 표준 새번역 성경을 여러분에게 추천합니다. 표준 새번역 성경은 현대어로 되어 있어, 성도들이 읽기에 편하고 이해하기가 쉽기 때문입니다.

시편을 펴고 소리 내어 읽어보십시오. 우리가 사용하는 성경이든, 표준 새번역 성경이든 들고 그대로 소리 내어 읽어보십시오. 주님께 부르짖는 그 부르짖음이 고스란히 시편에 그대로 실려 있음을 깨달아 알게 될 것입니다.

주님께 애통하는 마음으로 나아가는 이들의 마음이 어쩌면 어떻게 나의 마음과도 똑 같을까 하는 생각이 들 것입니다. 시편은 읽으면 읽을수록 자꾸만 빠져드는 아름다운 선율로 구성되어 있음을 알 수 있을 것입니다.

시편은 기도문입니다. 모든 성경이 다 그렇겠지만, 특히 시편은 읽을 때마다 우리에게 깊은 감명을 줍니다. 시편을 소리 내어 계속 읽게 되면, 차츰 기도가 무엇인지 깨닫게 되고, 시편을 따라 기도하게 되면 기도의 내용이나 기도드리는 말에 실수가 없게 됩니다. 올바른 기도를 드릴 수 있게 될 것입니다.

기도를 바르게 드리는 훈련의 또 한 가지의 방법은 주기도문을 계속하여 외우는 것입니다. 뇌하수체가 병든 환자가 수술을 앞둔 하루 전날, 주기도문을 일천 번을 외웠더니. 하늘에서 불이 떨어지는 모습이 보였고, 이 순간 병이 완전히 나아버렸다는 간증을 어느 유명하신 목사님이 설교를 한 바가 있습니다.

주기도문은 힘이 있습니다. 주기도문은 우리가 기도할 모든 내용이 다 들어 있는 모범적인 기도문입니다.

주님께서 가르치신 기도문을 계속하여 외우는 것은 일상적으로도 좋은 기도의 방법입니다. 이를 한번 시험하여 보시기 바랍니다. 잠깐의 여유가 있을 때, 마음이 불안하고 초조해질 때, 주기도문을 외우면 마음이 편안하여지는 것을 느낄 수 있을 것입니다.

주기도문을 암송하는 것은 주님께서 기도를 가르치신 대로 기도하는 것입니다. 주님께서 가르치신 기도를 따라, 주기도문을 암송해 보십시오. 여러분의 기도가 주님께 상달되고 있음을 알 수 있을 것입니다. 주기도문을 계속하여 암송하는 것은 아주 좋은 기도의 방법입니다.

성경말씀을 중심으로 하는 기도

★ 기도하는 이들에게나 혹은 기도하려는 이들에게 유의하여야 할 중요한 포인트가 한 가지가 있습니다. 이는 기도를 드릴 때, 성경말씀을 기준으로 묵상하거나 읽은 말씀을 기도 제목으로 놓고 기도하라는 것입니다.

이 훈련은 매우 중요합니다. 그래야만 기도의 내용이 다른 곁길로 가지 않습니다. 매일 매일 기도하는 습관을 가지고 기도를 드리는 이들에게도 반드시 말씀을 묵상하고, 그 말씀을 중심으로 기도하여야 합니다. 이 훈련은 반드시 필요합니다.

목적이 있는 기도를 드릴 때에도 말씀을 중심으로 기도하고, 그 말씀을 토대로 응답하심을 얻고, 주님의 부르심과 응답을 받은 사실을 확증하고, 기도를 드리는 일은 매우 중요합니다. 그렇지 않으면 어떤 경우, 기도가 다른 곳으로 흐르게 될 수 있습니다. 어떤 산에 기도를 드리러 갔다가 이상하게 되는 사람들의 경우, 말씀을 중심으로 기도를 드리지 못하고, 구원의 감격과 확증에 찬 기도를 드리지 못하였기 때문에, 기도를 잃어버리게 될 뿐만 아니라, 영혼까지도 잃어버리게 되는 어려움에 처하게 되는 것입니다.

기도는 반드시 성경말씀을 중심으로 이루어져야 하며, 특히 부르짖어 기도할 때에는 성경말씀을 잊지 말고, 구원의 감격과 확증을 가지고 기도해야 한다는 점을 항상 자각하고 잊지 말아야 합니다.

우리가 교회의 예배당에서 작정하고 기도를 드리게 되는 경우에는 기도의 이점이 있습니다. 그것은 기도원이나 산에서 기도를 드릴 때와는 다르게, 기도를 드리는 분위기가 안정이 되고, 혼자 기도를 드리더라도 항상 예배를 드리던 장소이기 때문에 기도를 드리기에 마음에 불편함이 없다는 것입니다. 이와 같이 기도를 드릴 때의 마음의 안정 또한 중요한 것입니다. 말씀을 가까이 하기 쉽고, 산에서 기도를 드리며 환경에서 두려움을 갖기 보다는 교회의 예배당에서 오는 편안함이 기도를 드리는 것이 좋습니다. 기도를 드릴 때 마음의 안정이 되도록 해야 합니다. 교회에서 말씀을 중심으로 기도를 드리며 편안한 환경에서 드리는 기도는 매우 중요한 것입니다.

우리가 교회에 나가서 예배를 드릴 때에는 개인적으로 기도를 드리는 것이 아닌 경우에는 대부분 예배가 진행되고, 말씀과 찬송이 함께 있게 됩니다. 예배 가운데에는 목회자의 말씀 선포가 있고, 이어서 기도회를 갖게 됩니다. 물론 말씀과 기도회가 구분되지 않고 바로 이어서 진행되는 경우도 있습니다. 말씀의 선포는 성경의 강해 또는 해석이나 강론과 같은 방법으로 성도들에게 하나님의 말씀을 전달하게 됩니다.

새벽예배에 참여하면 나 자신이 기대했던 말씀과는 전혀 다른 말씀을 듣게 되는 경우도 있을 수 있겠지만, 기도를 시작하고 기도에 깊이 들어가다 보면 목회자의 설교 말씀이 나에게 지시하신 성령님의 말씀임을 알 수가 있고, 나에게 또 다른 말씀으로 응답하시고 계심을 알 수가 있습니다. 기도의 응답은 말씀을 통해서 이루어지고, 예배중의 선포된 말씀 가운데서 응답하시기 때문입니다. 그래서 기도는 반드시 말씀을 중심으로 해야 하고, 공적인 기도회라면 말씀과 찬송이 함께 하는 예배의식이 선행되어야만 하는 것입니다.

3. 올바르게 기도를 드리는 방법

예수님께서 가르치신 기도

🍁 성도들로부터 '어떻게 기도를 드려야 하나요?' 라는 질문을 받는 경우가 많이 있습니다. 기도를 드리는 것이 참으로 쉬운 일같이 느껴지는데, 처음 기도를 시작하는 분들에게는 기도가 그리 쉬운 일만은 아닌 것이 틀림없는 것 같습니다.

가장 쉽게 기도를 이해할 수 있는 방법은 지금 바로 앞에 주님께서 서계시고 그분 앞에 내가 지금 엎드려서 그분께 내가 지금 구하여야 할 것을 말씀드린다고 생각하면, 기도가 무엇인지 이해하기가 쉬워지고, 기도를 어떻게 드려야 하는지 훨씬 깨닫기가 수월해 집니다. 주님께서 지금 내 앞에게 계시고, 내가 지금 그분 앞에서 그분께 말씀을 드리고 있는데, 말씀을 드릴 것 한 가지씩 지금 말씀을 드린다고 생각하고, 이야기를 시작해 보십시오. 이것이 바로 기도가 되는 것입니다.

예를 들면, "주님, 제가 지금 무척 어려운 상황 가운데 있습니다. 주님, 저를 좀 도와주십시오. 주님이 아시고서는 이 문제가 해결되지 않을 것 같습니다. 주님, 제 앞날을 보시고, 주님께서 인도해 주시고, 제가 주님만 섬기며 살도록 인도해 주십시오."라고 이야기 할 수 있을 것입니다.

오늘 끼니조차 이을 수 없을 때라면, "주님, 지금 저희들이 먹을 것이 하나도 없습니다. 주님께서는 주님께서 가르치신 기도문에 일용할 양식을 구하라고 하셨는데, 저희들이 먹을 것이 없습니다. 힘을 내서 일할 수 있도록 해 주시고, 우리에게 먹을 양식을 좀 주십시오." 이렇게 우리 앞에 서 계신 주님께 나와서 말씀을 드리는 것이 기도입니다.

그렇다면 주님께서는 제자들에게 어떻게 기도를 하라고 가르치셨을까요? 복음서에는 제자들이 주님께 나와서 기도를 가르쳐 달라고 할 때, "너희는 이렇게 기도하라"고 하시면서 우리에게 주님께서 기도문을 친히 가르쳐 주셨습니다. 이것이 주님께서 가르치신 기도문, 즉 '주기도문'이라 일컬으며, 우리가 공적인 예배 때에 암송하며, 주님께 드리는 기도문입니다.

그러므로 너희는 이렇게 기도하라.

하늘에 계신 우리 아버지여.
이름이 거룩히 여김을 받으시오며,

나라가 임하시오며,

뜻이 하늘에서 이루어진 것 같이

땅에서도 이루어지이다.

오늘 우리에게 일용할 양식을 주시옵고,

우리가 우리에게 죄 지은 자를 사하여 준 것같이

우리 죄를 사하여 주시옵고,

우리를 시험에 들게 하지 마시옵고,

다만 악에서 구하시옵소서.

나라와 권세와 영광이 아버지께 영원히 있사옵나이다. 아멘.

(마 6:9-13)

예수님께서 가르쳐주신 기도문 안에는 우리가 구할 모든 것이 포함되어 있습니다. 우리가 일용할 양식에서 우리의 삶의 방식까지, 그리고 주님의 영광을 위하여 사는 것과 기도로 구할 모든 것이 주님께서 가르쳐 주신 기도문 안에 들어 있습니다. 즉 기도는 모든 것을 그분께 맡기며, 모든 것이 그분의 영광을 구하는 것임을 알 수 있습니다.

우리 영혼은 궁극적으로 주님을 향하여 나아가게 됩니다. 우리가 주님께 나아가 찬양과 영광을 돌리므로 주님께서 영광을 기뻐 받으실 것입니다. 우리는 이 영광을 주님께만 돌려야 하며, 그분만이 영광을 받으시기를 기원하여야 합니다. 그리고 주님의 나라가 이 땅에 이루어지기를 기도하여야만 합니다. 바로 이것이 주님의 뜻이기 때문입니다.

주님께서 가르치신 기도문은 우리가 주님께 드려야 하는 기도의 표본입니다. 기도를 드리기 어려운 사람들도 이 기도문을 시간이 날 때마다 계속 외움으로써 주님께 기도를 드릴 수 있고, 하나님께 영광을 돌릴 수가 있습니다.

주기도문을 노트에 열 번이고 스무 번이고 써 보는 것도 좋은 기도의 방법입니다. 입술이 잘 열려지지 않고, 주님께 기도를 드리고 싶음에도 기도가 잘 생각나지 않을 때, 열 번이고 스무 번이고 노트에 써 보면 기도문이 생각나고 차츰 입술이 열려짐을 알 수 있습니다.

마음 속 깊이 주님을 향한 열정을 가지고, 주님께서 가르쳐주신 기도문을 계속 써 본다면, 어느새 자연스럽게 주기도문이 외워지고, 주님께 기도를 드리는 일들이 자연스러워질 것입니다.

사실 주님께서는 이 주기도문을 가르치시기 전에, 먼저 기도뿐만 아니라, 우리 성도들이 봉사와 구제, 그리고 기도할 때에 유념하고 주의할 점들을 먼저 알려주시고, 우리들에게 주의를 주셨습니다.

사람에게 보이려고 그들 앞에서 너희 의를 행하지 않도록 주의하라 그리하지 아니하면 하늘에 계신 너희 아버지께 상을 받지 못하느니라. 그러므로 구제할 때에 외식하는 자가 사람에게서 영광을 받으려고 회당과 거리에서 하는 것 같이 너희 앞에 나팔을 불지 말라 진실로 너희에게 이르노니 그들은 자기 상을 이미 받았느니라. 너는 구제할 때에 오른손이 하는 것을 왼손이 모르게 하여, 네 구제함을 은밀하게 하라 은밀한 중에 보시는 너의 아버지께서 갚으시리라. 또 너희는 기도할 때에 외식하는 자와 같이 하지 말라 그들은 사람에게 보이려고 회당과 큰 거리 어귀에 서서 기도하기를 좋아하느니라. 내가 진실로 너희에게 이르노니 그들은 자기 상을 이미 받았느니라. 너는 기도할 때에 네 골방에 들어가 문을 닫고 은밀한 중에 계신 네 아버지께 기도하라. 은밀한 중에 보시는 네 아버지께서 갚으시리라. 또 기도할 때에 이방인과 같이 중언부언하지 말라 그들은 말을 많이 하여야 들으실 줄 생각하느니라. 그러므로 그들을 본받지 말라 구하기 전에 너희에게 있어야 할 것을 하나님 너희 아버지께서 아시느니라. (마6:1-8)

주님께 기도를 드리는 일은 좋은 일입니다. 그 기도는 하나님과의 깊은 만남이고, 그 누구도 알아서도 엿보아서도 안 될, 지극히 비밀스런 주님과의 깊은 대화입니다.

주님께서는 바른 기도의 방법에 대하여 말씀하셨습니다. 이 말씀에 더 부연하여 설명한다면, 아마 쓸 데 없는 이야기가 되고 말 것입니다. 주님께서 말씀하신 기도에 대한 경계의 말씀을 듣는다면, 어느 정도 기도에 익숙해졌다고 자부하는 사람일수록 기도에 대하여 주의하며, 올바른 기도를 드릴 수 있도록 스스로 기도에 대한 경계를 더하여야 할 것입니다.

회개와 중보의 기도

✦ 기도에 반드시 포함되어야 하는 필수불가결의 기도에 대한 요소
가 있습니다. 그것은 기도에는 반드시 회개와 중보가 전제되어야 한
다는 것입니다.

회개의 기도는 나의 모든 죄를 주님께 고백하며, 죄에서 돌아서는
것을 말하는 것이고, 중보는 오직 하나님과 우리 사이의 중보자이신
예수님의 도우심을 받는 것을 말합니다. 중보의 기도는 예수님께서
하나님과 우리의 중보자가 되셔서 우리를 하나님과 화목케 하여 주
시듯이, 우리 또한 교회와 다른 성도들, 그리고 이웃과 형제를 위하
여, 주님께 기도를 드리는 것으로 설명할 수 있습니다.

회개는 죄 가운데 있던 내가 이제는 이 죄를 벗어버리고, 오직 주님
께 나아가, 주님 한 분만을 바라고, 믿고, 의지하며, 그분을 향해, 그
분만을 의지하며, 그분만을 위해 전심을 다해 사는 것을 말합니다.

회개의 기도는 이러한 마음가짐과 다짐을 주님 앞에 드리는 것입니
다. 지금까지 지었던 모든 죄를 주님 앞에 내어놓고 돌이켜 주님만 섬
기며 살겠다고 고백하는 것입니다. 주님께 나아가, 그분만을 의지하
며, 그분께 우리의 모든 죄의 짐을 내려놓는 것 이상입니다.

그리스도인의 생활은 이 세상이 있지 아니합니다. 몸은 비록 이 세
상에 있다 하더라도, 우리의 마음과 정신은 이 죄악이 가득한 세상을
벗어나, 오직 주님께로 향하여야 합니다. 주님만을 의지하며, 주님만

을 사모하며, 주님만을 위하여 일생을 살아갈 따름입니다.

과거에는 죄악이 가득한 세상에서 죄악이 가득히 들어차있는 생활이었고, 죄인의 생활이었지만, 이제는 주 예수 그리스도 안에서 의로운 사람으로 거듭나서 주님과 함께 살아가며, 주님을 소망하며 사는 것이 그리스도인의 삶의 방식이며, 행동양식입니다. 그리스도인의 생활은 바로 여기에 있습니다. 이제는 죄의 생활에서 벗어나 주님만 사모하며 살아가는 것입니다. 이것이 바로 회개의 생활이며, 다짐이 될 때, 기도가 되는 것입니다.

주님 앞에 죄를 고백하고 주님만 위하여 살겠다고 다짐하며, 이 세상의 더러운 길을 멀리하는 것이 회개입니다. 이제 여러분은 기도를 들어가기 전에 제일 먼저 주님께 회개의 기도를 드리며, 여러분의 죄의 짐을 주님께 맡기십시오. 그래야만 여러분의 기도가 주님께 드려지고, 여러분이 거룩하신 주님 앞으로 나아갈 수 있게 될 것입니다.

기도는 나 자신을 위한 것이기도 하지만, 불우한 이웃과 하나님의 몸 된 교회를 위하여 하나님께 아뢰는 것입니다. 나 자신 한 몸을 위한 기도는 언제든지 할 수 있지만, 다른 사람을 위하여 정기적이고 지속적인 기도를 드리는 것이 그리 쉬운 일이 아닙니다.

성경은 성도가 교회와 사도들을 위하여 기도할 것을 여러 곳에서 권면하고 있습니다. 사도들이 옥에 갇혔을 때, 온 교회가 사도들을 위하여 하나님께 간구하던 사례들을 기록하며, 성도들에게 다른 성도들과 전도자들을 위한 중보기도를 권면하고 있습니다.

성도의 기도는 마땅히 교회와 교회의 목회자와 그리스도의 복음을 전하는 선교사들을 위하여, 그리고 교회의 제직들과 성도들의 평안을 위하여 항상 드려져야 합니다. 이 기도는 예수님의 전으로 향이 되어 올라가며, 성부 하나님께 상달될 것이기 때문입니다.

성도들은 이웃에게 복음을 전하는 교회의 목회자들을 위하여 기도로 동역하며, 주님께 그분들의 사역이 열매를 맺을 수 있도록 기도하여야 합니다.

기도는 성도의 본연의 의무입니다. 성도는 주님과 가까이 하는 생활 가운데서, 우리 주님께서 친히 중보의 본을 보이셨던 것처럼, 교회와 목회자를 위하여 중보 기도하는 일을 게을리 하여서는 안 될 것입니다.

바람직한 기도의 순서(ACTS)

★ 주기도문을 잘 살펴보면 우리가 기도할 때, 주님께 구하여야 할 것들의 우선순위가 잘 나타나 있습니다. 우리는 무엇보다도 먼저 하나님의 이름이 거룩하게 되고, 그분의 나라가 이 땅 위에 건설되며, 그분의 뜻이 온 세상에 이루어지기를 기도하여야 합니다. 그리고 그 이후 우리가 원하는 것들을 하나씩 구하여야 합니다. 이것이 우리 주님께서 우리에게 가르쳐주신 기도의 내용이며 순서입니다.

기도의 행위(The ACTS of Prayer)라는 말이 있습니다. 여기서 행위를 뜻하는 ACTS라는 말은 일반적으로 기도를 드릴 때 기도의 순서를 나타내는 말의 첫 글자를 따 모아서 표현한 말입니다. A는 찬양(Adoration), C는 죄의 고백(Confeession), T는 감사의 표현(Thanksgiving), 그리고 S는 탄원과 간구(Supplication)을 의미합니다. 기도를 드릴 때는 이런 순서를 지키는 것이 좋습니다.

기도의 형식을 따지자면 기도의 방법과 순서를 설명하는 이와 같은 형식을 빌려 기도를 드리는 것이 좋습니다. 이렇게 기도를 드리는 순서를 지킴으로써 유혹에 빠지지 않고 바른 기도를 드릴 수 있게 되기 때문입니다.

기도의 순서를 나타내는 ACTS라는 표현을 빌려 기도의 순서를 살펴보면, 기도를 시작할 때에는 제일 먼저 하나님께 찬양으로 영광(Adoration)을 돌림으로써 기도를 시작합니다. 이는 주기도문에서 '하늘에 계신 우리 아버지여, 이름이 거룩히 여김을 받으시오며.' 라는 하나님께 영광을 돌리는 첫 기도의 첫 문장에서 이해할 수 있습니다.

성도는 기도의 자리에 나아갈 때, 먼저 하나님의 이름을 경외하며, 그분의 이름을 부르며, 그분께 영광을 돌리며 나아갑니다. 우리는 낮아져야 하고, 그분은 높아지셔야 하기 때문입니다. 우리는 그분의 크시고 위대하신 이름을 찬양하며, 그분의 앞에 나아가는 것입니다.

이때는 찬양으로 마음을 열고 기도를 준비하기도 합니다. 기도가 잘 풀리지 않을 때, 마귀가 기도를 막고 있다고 느낄 때, 죄를 고백하며, 주 예수 그리스도의 피 흘리신 속죄의 은혜를 찬양하는 노래를 부르게 되면 기도의 문이 열림을 경험할 것입니다.

다음으로 우리의 지은 죄를 고백(Confession)합니다. 우리의 원죄뿐만 아니라, 우리가 알고 짓거나 모르고 지은 죄까지도 주님께 나아와 회개하는 것을 말합니다.

이것은 거룩하신 하나님께 나아가기 위하여, 우리의 죄를 대신하여 십자가에서 돌아가시며, 우리를 보혈의 피로써 씻겨주신 그분의 능력을 힘입어 하나님께 나아가는 것을 의미합니다. 이 고백에는 우리의 죄를 고백함으로써 구속주의 사랑을 나타내신 예수 그리스도의 위대하신 사랑에 대한 감사를 표시하게 됩니다.

우리의 죄를 고백하면, 우리는 곧 주님의 그 크신 사랑에 대하여 감사(Thanksgiving)를 하지 않을 수 없습니다. 이 감사는 오직 주님께서 우리를 대속하시기 위하여 십자가에 피 흘리심으로 우리의 죄를 대신 지시고 고난당하심에 대한 감사의 고백입니다. 우리는 우리의 죄를 고백하면, 우리는 우리의 죄를 용서하신 주님의 깊으신 사랑을 분명히 깨닫지 않을 수 없습니다. 우리의 죄를 사하시려 십자가에 고통을 당하신 주님의 그 크신 사랑을 우리가 어찌 감사하지 않을 수 있겠으며, 어찌 말로 다 표현할 수 있겠습니까?

다음은 간구(Supplications)입니다. 이 간구는 이웃에 대한 중보의 기도와 나 자신에 대한 탄원과 간구를 포함하고 있는 모든 기도를 일컬어 나타내는 말입니다.

우리는 주님께 간구할 일이 많이 있습니다. 우리의 문제뿐만 아니라, 교회의 복음 사역들, 그리고 이웃을 향한 사랑, 형제와 자매의 믿음에 대한 문제, 주님의 능력이 나타나기를 바라는 간구 등, 정말 우리가 주님께 구할 것들이 많이 있습니다.

이 간구는 하나님의 영광을 찬양하고, 죄를 고백하거나, 하나님의 크신 사랑에 대한 감사 그 다음에 마지막으로 주님께 아뢸 일들입니다. 물론 이러한 기도의 순서가 꼭 지켜져야만 하는 것은 아닙니다. 그러나 기도하는 시간이 늘고, 기도의 경륜이 쌓이다가 보면 자연스럽게 다가오는 기도의 방법이며, 기도하며 아뢸 것들의 순서이기도 합니다.

기도는 하나님께 나아가는 방법입니다. 주님께 아뢸 깊은 것들을 가지고 하나님께 나아갈 때, 우리의 깊은 마음속으로부터 우러나오는 기도는 하나님의 영광을 찬미하며, 그분께 우리의 부족한 모습이 예수 그리스도의 피로 죄 씻음을 받아 거룩한 모습으로 하나님께 나아가는 것입니다. 우리의 기도는 이렇게 준비하는 것입니다.

4. 하루 30분기도의 실천과 방법

하루 30분 기도의 도전

★ 얼마나 오래 기도하여야 하는가? 물론 이것이 중요한 문제일 수는 없습니다. 혹자는 얼마나 깊이 기도하는가에 관심이 있고, 얼마나 오랫동안 기도를 해야 하는가는 중요한 문제가 아니라고 하는 경우도 있지만, 하루 기도하는 시간을 일정 시간 이상으로 정해 놓고 기도하는 것 또한 매우 중요한 일입니다.

사실 기도원 굴속에서 엎드려 기도를 하다가 보면 시간이 가는 줄도 모르고 기도에 심취하여 밤이 어둑어둑해지는 경우도 있습니다. 기도의 깊이가 깊어지면 깊어질수록 사실 기도하는 시간을 정한다는 자체가 무의미해질 수도 있습니다. 기도에 심취하면 하루 웬 종일 엎드려 있어도 싫증이 나지 않고, 오직 주님께 더 가까이 나아가고 있다는 것과 주님의 은혜에 감사하는 생각밖엔 더 나지 않게 되기 때문입니다.

우리는 우리의 기도가 생활화되지 못하고 있기 때문에 기도의 분량과 시간에 대하여 고민하게 됩니다. 기도하는 시간이 많지 않고, 어떻게 하면 기도의 시간을 늘여볼까 하는 데서부터 고민을 출발하기 때문에 기도가 생활화되지 못하는 것입니다. 기도를 드리는 시간을 정해 놓고, 좀 더 일상적으로 기도하는 생활이 유지될 수 있도록 노력을 하다가 보니 기도의 시간이 한정될 수밖에 없는 어려움이 생기게 됩니다.

기도를 드리는 하루 30분간은 우리가 드리는 하루 최소의 기도시간이 되어야 합니다. 또한 우리는 '어떻게 하면 주님께 좀 더 가까이 나아갈 수 있을까?' 라는 고민을 해야 합니다.

먼저 하루 30분간의 기도를 드리는 시간을 갖는 습관을 갖기 위해서는 매일 하루를 시작 기도로 시작하며, 기도의 시간을 적정히 배분하는 습관을 가져야 합니다. 물론 새벽기도에 참여하는 성도라면 당연히 이미 하루 30분간의 기도의 시간을 넘겨서, 매일 1시간 이상 기도의 시간을 보내는 성도일 것입니다.

여기서 말하는 하루 30분간 기도의 시간은 하루 전심으로 자발적으로 기도하는 30분간의 시간을 의미할 테니, 새벽기도의 목회자의 설교시간을 뺀 정작 본인이 전심으로 기도한 30분간의 기도의 시간을 이야기할 것입니다. 하루 30분간의 기도를 실천하는 것이 마냥 쉬운 일만은 아니라는 것을 알 수 있습니다. 새벽기도를 참석하는 사람이나, 하루 30분 이상 기도의 시간을 보내는 성도들을 존경하는 이유가 여기에 있는 것입니다.

사업가나 직장을 다니는 사람이 하루 30분 기도를 실천하기 위해서는 적정히 기도의 시간을 안분하고, 매일 시간을 정하여 기도를 드리는 습관을 가지는 것이 매우 중요하다고 할 수 있습니다. 그래서 하루의 일과 중 하루 30분 기도의 시간을 설계하고 이의 실천을 권장하는 것입니다.

적정한 기도의 시간 배분

★ 기도를 생활화하는 데는 하루 30분 이상의 습관적인 기도의 시간을 필요로 합니다. 최소 하루 30분간의 기도시간을 맞추기 위해서는 무엇보다 기도의 시간을 적정하게 배분하고 짜 보아야 합니다.

가장 좋은 방법은 직장이나 사업장에서 퇴근하여 교회를 들러 따로 30분간을 기도시간으로 드리는 것입니다. 그리고 가장 바람직한 기도의 방법이라고 하겠습니다.

그러나 서울 도심의 경우 직장이나 사업장까지의 출퇴근 시간이 보통 1시간 이상 걸린다는 점을 생각한다면, 교회 예배당이 바로 옆에 있지 않는 이상, 매일 교회에 들러 기도한다는 것이 보통 정성을 드리지 않고서는 이를 실천하기가 어렵습니다.

교회가 집 가까이 있을 때 아침, 점심, 저녁으로 시간을 내어 교회에 가서 기도하는 것이 쉽겠지만, 서울에서 이의 실천이 쉽지 않다는 것을 우리는 너무 잘 압니다.

집 가까운 교회를 들러 기도를 드리려 하면, 이것이 대부분의 교회가 문이 닫혀있고, 자신의 교회의 성도만 이용할 수 있는 쪽문을 이용해 출입하도록 해 놓아 마음 놓고 기도할 수 있는 교회를 찾는 일조차 그리 쉽지 않습니다.

교회에서의 기도가 좋은 이유는 다른 기도하는 사람이 없다면, 교회에서 소리 내어 기도함으로써, 자신의 간절한 소원을 하나님께 소리 내어 기도할 수 있다는 점입니다.

교회에서 드리는 기도는 그만큼 편안히 기도를 드릴 수 있게 하고, 기도에 방해 받지 않고 깊은 기도의 감격에 빠질 수 있게 합니다. 교회에서의 기도는 우리의 영이 하나님께 가까이 나아가 영적 목마름과 갈급함을 충족시킬 수 있게 해 줍니다.

성도들 개개인의 상태를 돌아보면 교회에서 기도를 드릴 수 있는 상황이 되지 못한 경우가 대분입니다. 이 경우 효과적으로 기도 생활을 유지할 수 있는 방법은 가정의 방문을 잠그고 무릎을 꿇고 작은 소리로 기도하는 방법을 선택하는 방법이 있습니다. 기도를 꼭 하고는 싶은데 기도를 드릴 수 있는 주변 여건이 좋지 않은 경우, 가정에서 드리는 이 기도의 방법은 너무나 효과적이고 좋은 방법입니다.

안방의 문을 꼭 잠그고 커튼을 치고, 침대 위에 올라가거나 바닥에서 무릎을 꿇고 기도하면, 조금은 소리를 내어도 다른 집에 방해를 주지 않고 기도할 수 있습니다. 이런 방법으로 기도하면 언제 30분간이 지났는지 모를 정도로 깊은 기도에 빠질 수 있습니다.

우리의 문제는 우리가 처한 환경과 여건이 기도하기 어려운데다 자유롭게 기도를 드릴 수 있는 여유를 가질 수 없다는데 있습니다. 산업화된 사회의 특징 때문에 기도할 수 있는 시간과 조건이 점점 더 제약을 받게 되어 기도를 드리기가 더 어렵기 때문입니다. 이것이 우리 성도들이 기도를 드리는 어려움 가운데 큰 고민거리 중의 하나입니다.

하루 30분간의 기도의 시간을 채우기 위한 또 다른 좋은 방법이 하나 있습니다. 물론 이것이 기도의 시간을 채우기 위한 목적이 아니라, 어디까지나 기도를 생활화한다는 전제를 두고 기도의 시간을 늘여가는 것입니다. 그것은 기도일기장이나 기도노트에 하루 기도할 수 있는 시간을 적정히 배분하여 기도의 시간과 기도의 제목을 하나씩 써내려가는 형태로 기도일과를 정리해 보는 방법입니다.

가장 먼저 기도의 출발은 아침에 잠자리에 일어나서 드리는 5분간의 묵상입니다. 묵상 또는 명상을 통한 하나님과의 만남, 그리고 점심 식사 후 10분간, 눈을 감고 묵상기도를 통한 주님과의 시간, 그리고 다시 저녁 잠자리에 들어서 다른 가족들이 알지 못할 정도의 10분에서 15분간의 묵상기도, 이렇게 하면 어렵지 않게 30분간의 기도의 기간을 채울 수 있습니다.

직장인이나 사업가라면 아침에 출근하여 사업장에서 5분 또는 10분간 묵상하면서 주님의 응답하심을 간구하는 것도 좋은 방법입니다. 아침 10분간의 묵상기도는 하루 일과에 주님의 도우심을 구하는 중요한 시간이 됩니다.

그러나 많은 사람이 이 짧은 아침 묵상기도를 실천할 수 있는 여건조차 갖지 못하고 있는 것이 현실입니다. 특히 직장에서 하급 직원이라면 더더욱 어렵습니다. 사무를 보는 직원이라면, 그래도 조금은 살짝살짝 묵상기도가 가능하겠지만, 이런 자그마한 묵상기도 시간조차 내기 어려운 성도들이 대부분입니다.

이를 극복하기 위해서는 조금 남들보다 일찍 출근하여 묵상기도나 큐티(Q.T., Quiet Time)의 시간을 가지는 것이 기도생활의 유지에 좋을 것이며, 기도시간을 활용할 수 있는 방법이 됩니다. 주님께 드리는 기도 역시 어느 정도의 수고와 노력이 필요하다는 사실을 알 수 있습니다.

그리스도인이라는 표를 내거나 다른 사람들의 눈 때문에 기도의 시간을 더 내기가 어려운 경우, 시간 시간 주기도문을 외우는 것은 좋은 방법입니다. 사업가의 경우 조금의 시간과 조금의 여유를 가질 수 있는 경우에도 주기도문을 열 번 스무 번 계속 외우면, 짧지만 좋은 기도의 시간이 될 수 있을 것입니다.

기도의 시간 만들기

★ 정말 시간을 내어 기도하는 시간이 어렵다면 더 좋은 방법이 하나 있습니다. 출근하는 전철 안에서 눈을 감고 묵상하며 기도하는 방법입니다. 출근 시 좌석이 허락된다면 더 없이 좋겠지만, 그렇지 못하다면 서서 손잡이를 잡고 온전히 주님의 도우심을 구해보는 것도 좋은 방법입니다. 성도들 대부분이 이렇게 기도생활을 하고 있으리라 판단하지만, 아마 좋은 기도의 방법에는 틀림이 없습니다.

경험상 출퇴근 시간에는 이어폰을 끼고 있어도 집중이 잘되지 않아 사실 어학연습조차 잘되지 않습니다. 그러나 이런 출퇴근 시간에는 찬송가나 복음성가를 들으며, 주님을 묵상하는 일은 매우 쉽고 즐거운 시간이 됩니다.

이렇게 출퇴근 시간에 드리는 묵상시간을 과연 기도의 시간으로 볼 수 있느냐 하는 질문이 제기되기는 하겠지만, 구약성경에서 아브라함의 종이나, 느헤미야가 잠시 간의 묵도로 하나님께 기도를 드렸던 여러 장면을 보더라도, 출퇴근 시간의 묵상기도 시간은 주님을 간절히 염원하는 중요한 시간이 될 수 있습니다.

낮에 전철을 타는 경우에는 스마트 폰을 열고 성경구절을 보는 방법도 있지만, 아침 출근시간 눈을 감고, 오늘 하루 일과의 도우심을 바라는 마음은 주님을 섬기며, 주님을 간절히 소망하는 것은 좋은 기도의 방법이 될 수 있을 것입니다.

미디어의 발달로 스마트 폰을 켜고 목사님의 설교를 듣거나, 복음 성가를 들으며, 주님을 가까이 하는 것은 기쁨입니다. 매 시간마다 주님을 생각하는 그 기쁨은 하나님이 함께 하신다는 확증으로 다가오며, 오늘 하루도 주님을 생각하며 그분의 도우심을 구하면 주님께서 응답하신다는 확신을 갖게 합니다.

자가용을 타고 출퇴근하는 운전자라면 차안에서 운전을 하며, 주님을 생각하는 마음을 가지며, 목사님의 설교를 듣거나, 찬송을 하거나, 주님의 도우심을 구할 수도 있습니다. 혼자 운전하는 차안에서는 찬송가를 부르며 하나님을 찬양하거나, 홀로 소리 내어 주님께 기도할 수도 있습니다. 하나님께 기도하는 시간은 언제든지 어느 장소에서든지 가능하기 때문에, 언제든지 맘 문을 주님께 열어놓고 주님께 기도할 수 있는 것입니다. 아침 출근 시간에도 길을 가며 나지막이 소리 내어 기도하는 것은 좋은 방법입니다.

기도를 잘드리는 것은 얼마나 깊이 주님을 생각하느냐 하는데 달려 있습니다. 그래서 장소에 구애받지 않고 기도를 드릴 때는 오로지 주님 한분만 생각해야만 하는 것입니다. 기도는 주님을 생각하는 마음의 정성이며 실천입니다. 때때로 다른 사람들이 힐끗 쳐다보기도 하겠지만, 조그마한 소리로 방언으로 기도하며 길을 걸어하는 기쁨은 또 다른 나만이 아는 주님과의 만남입니다.

매 순간순간 마다 기도하는 일은 너무나도 즐거운 일입니다. 남들이야 뭐라고 하든 말든, 길을 걸으며 '주와 같이 길 가는 것' 찬송가를 부르는 일은 역시 즐거움입니다.

하루 삼십분의 기도시간은 이런 여러가지 방법으로 채울 수 있습니다. 그러나 더 중요한 것은 매 순간 주님을 생각하는 일이고, 그렇게 묵상하며 주님을 생각하며, 자연스럽게 기도를 생활화하는 것입니다. 이런 기도의 방법을 진작 알았다면, 세상의 길에서 좀 더 빨리 거리를 두고 살아갈 수 있었을 텐데 하는 후회의 마음을 가지는 것도 주님의 은혜의 감격에 빠져 기도할 때의 일입니다.

작은 생활에서부터 기도를 실천해 봅시다. 그렇게 주님을 가까이 하면 할수록 기도하는 시간을 더 가지고 싶어지고, 교회를 찾아 소리 내어 기도하고 싶어지게 될 것입니다.

기도의 가장 좋은 방법은 역시 토요일과 주일, 하루의 예배를 드리던 일정이 끝나고, 교회의 예배당이나 소예배실이 비어 있을 때, 한 시간씩 홀로 소리 내어 기도를 하는 방법입니다. 이때는 방언으로 기도하여도 방해를 받지 않으므로 이때보다 더 기도가 자연스럽게 나올 수가 없고, 마음이 더 편안해질 수가 없습니다. 교회에서 기도하는 것은 이와 같이 편안하게 기도할 수 있는 유익함을 갖게 하는 것입니다.

오로지 주님만을 생각할 수 있는 이런 기도와 묵상의 시간을 더 많이 가져보시기 바랍니다. 주님께 가까이 나아가는 즐거움이 여러분의 생활 주변을 감싸고 있음을 더욱 더 느낄 수 있게 될 것입니다.

그러므로 내가 너희에게 말하노니 무엇이든지 기도하고 구하는 것은 받은 줄로 믿으라. 그리하면 너희에게 그대로 되리라. (막 11:24)

주께서 나의 슬픔이 변하여 내게 춤이 되게 하시며, 나의 베옷을 벗기고 기쁨으로 띠 띠우셨나이다. 이는 잠잠하지 아니하고 내 영광으로 주를 찬송하게 하심이니 나의 하나님이여 내가 주께 영원히 감사하리이다. (시 30:11-12)

5. 하루 30분기도의 실천의 결과

기도하는 즐거움을 깨닫게 됨

🍁 매일 하루 30분 기도를 실천하고 나면 기도하는 나 자신에게 놀라운 변화가 일어나고 있음을 경험하게 될 것입니다. 가장 크게 두드러지게 나타나는 변화는 하나님께 기도하지 않고는 견딜 수 없게 된다는 사실입니다.

기도하지 않으면 어딘가 모르게 호흡이 끊어진 것 같고, 기도하지 않으면 견딜 수 없을 정도로 가슴에 답답함을 느끼게 됩니다. 이것이 기도하는 성도의 모습이며, 이것이 기도하는 습관을 가진 이의 모습입니다.

기도하지 않으면 마귀의 시험이 다가오는 것 같고, 기도하지 않으면, 실제 마귀의 유혹에 쉽게 넘어지는 것을 경험하게 됩니다. 기도하지 않으면 주님께로부터 멀어지는 것 같아, 교회의 예배당을 찾아 무릎 꿇고 엎드려 한없이 울고 싶은 마음을 갖게 되는 경우도 있습니다.

마치 사무엘이 고백하였던 '내가 기도 쉬는 죄'를 범하였다고 고백하였던 것처럼, 나 자신이 기도를 쉬게 되면 하나님께 영혼이 나아가고 싶은 간절한 마음이 솟아나는 것을 또한 알 수 있습니다. 이것이 영적 기도의 생활을 하는 사람이 겪게 되는 지극히 정상적인 모습입니다.

기도하지 않으면 어딘가 모르게 영혼이 메말라진 것 같고, 주님께 영혼이 돌아가 싶어 하는 갈망이 마음속 깊은 곳으로부터 간절하게 일어나게 되는 것입니다.

매일 하루 30분 기도를 시작하고 나면, 바로 이런 기도자의 습관이 몸과 마음에 배게 됩니다. 이제 하나님과의 영혼의 호흡을 시작하고, 주님께 붙어 있어, 주님과 떨어질래야 떨어질 수 없는 기쁨의 시간을 만끽하게 됩니다. 일생을 기도하며 사는 길에 들어서게 되는 것입니다. 이것이 기도를 시작하는 때부터 주어지는 기쁨입니다.

하루 30분 기도하는 생활을 실천하고 나면, 기도하지 않고는 살 수 없습니다. 기도하는 습관이 자연스럽게 형성되고, 기도하지 않고는 견딜 수 없다는 사실을 깨닫게 됩니다. 이제 믿음의 생활의 실천단계로 들어서게 되는 것이지요.

기도가 자연스레 습관이 됨

🍁 하루 30분 기도를 실천하고 나면, 어떤 장소와 어떤 때든지 기도하는 것이 자연스러워집니다. 마치 기도하는 습관이 몸에 밴 것처럼, 눈을 감으면 묵상이 되고, 잠시나마 갖게 되는 여유의 시간은 기도하는 시간으로 변하게 됩니다.

잠시 짬이나 여유의 시간도 오로지 주님을 생각하며, 마음속 깊은 곳으로부터 주님을 생각하는 시간으로 보내게 됩니다. 잠시간의 여유도 그냥 보내는 법이 없게 됩니다.

사무실이면 사무실, 지하철이면 지하철, 집이면 집, 어느 곳에 있든지 눈만 감으면 기도의 장소가 되고, 기도의 시간이 됩니다.

사람들이 즐겨하는 오락게임도 줄어들게 되고, 지하철 안에서 인터넷 뉴스나 오락기사에 심취하던 시간도 주님을 묵상하며, 주님의 도우심을 구하는 시간들로 변경이 됩니다. 그리고 시편의 말씀처럼 주님의 말씀이 송이꿀보다도 더 달게 지게 됩니다. 바로 이것이 하루 30분 기도의 생활을 시작한 이후 나타나는 삶의 방식입니다.

여호와의 교훈은 정직하여 마음을 기쁘게 하고 여호와의 계명은 순결하여 눈을 밝게 하시도다. 여호와를 경외하는 도는 정결하여 영원까지 이르고 여호와의 법도 진실하여 다 의로우니, 금 곧 많은 순금보다 더 사모할 것이며 꿀과 송이꿀보다 더 달도다 금 곧 많은 순금보다 더 사모할 것이며 꿀과 송이꿀보다 더 달도다. (시 19:8-10)

성경말씀이 달아 지고, 말씀이 내 몸에 자리를 잡게 되면, 이제 내 생활에도 변화가 일어나기 시작합니다. 자리에 앉으면 습관적으로 기도하게 되고, 어떤 일이나 상황이 주어져도 주님을 의지하며, 주님의 도우심을 믿기 때문에 의연하게 대처할 수 있게 되는 것이지요.

자연스럽게 기도하는 습관을 갖게 되면, 모든 일들을 주님을 중심으로 생각하게 되고, 내가 하여야 할 일들과 내가 걸어가야 하는 일생까지도 주님을 중심으로, 주님의 영광을 위하여, 그리고 주님을 위한 삶으로의 길을 선택하게 됩니다. 오직 주님 한 분만을 위하여 살기 시작하게 되는 것입니다.

생활의 변화가 따라오게 됨

★ 매일 하루 30분 기도의 실천은 이렇게 기도하는 습관만 불러오는 것은 아닙니다. 생활의 변화까지도 가지고 오게 합니다. 기도하는 생활에서 가장 눈에 보이지는 않지만, 크게 일어나는 변화는 역시 성도의 일상생활의 삶에서 나타나는 변화입니다.

좋아하던 오락이나 게임이 줄어들고, 스마트 폰으로 찾던 연예인들의 사생활이나 포커게임에 심취하던 시간도 주님을 묵상하며, 주님의 도우심을 구하는 시간들로 바뀌게 될 것입니다.

주님의 도우심을 알게 된 이후로 사람들과 어울리던 술좌석이 싫어지거나 멀어지게 되고, 주님과 함께 하는 시간이 늘어나므로 점점 주님을 가까이하는 생활로 변하게 됩니다.

성경말씀을 읽는 것이 즐거워지고, 그 깊이 있는 말씀의 깊이 속에
젖어드는 기쁨이 나의 기쁨을 더하게 됩니다.

이런 생활을 일컬어 우리는 경건한 생활이라고 표현합니다. 이제 우
리의 삶은 주 예수 그리스도를 중심으로 하는 거룩한 생활에 한 발
자국 더 가까이 나아가게 됩니다.

생활의 변화는 기도하는 습관에서 얻어지는 가장 좋은 신앙생활의
모습입니다. 오로지 주님을 의지하고, 오직 주님의 도우심만을 경험
하는 시간이 됩니다. 이런 생활은 주님께 더 가까이 나아가는 생활이
며, 시편 23편에 나오는 복된 삶의 모습입니다.

여호와는 나의 목자시니
내게 부족함이 없으리로다
그가 나를 푸른 풀밭에 누이시며
쉴 만한 물 가로 인도하시는도다
내 영혼을 소생시키시고
자기 이름을 위하여 의의 길로 인도하시는도다
내가 사망의 음침한 골짜기로 다닐지라도
해를 두려워하지 않을 것은
주께서 나와 함께 하심이라
주의 지팡이와 막대기가 나를 안위하시나이다.
주께서 내 원수의 목전에서

내게 상을 차려 주시고
기름을 내 머리에 부으셨으니
내 잔이 넘치나이다
내 평생에 선하심과 인자하심이 반드시 나를 따르리니
내가 여호와의 집에 영원히 살리로다.

(시 23)

기도에 대한 주님의 응답을 경험하게 됨

★ 하루 30분 기도의 생활을 시작하고 나타나는 즐거움은 기도의 생활의 묘미를 느끼는 때입니다. 구체적으로 주님의 기도의 응답이 나타나고 이에 대한 간증거리가 생겨나기도 합니다.

교회의 큰 행사나 사업상의 큰일을 앞두고 주님께 기도하면, 놀랍도록 큰 하나님의 은혜와 응답을 경험할 수도 있습니다. 이상하리만치 어려운 일도 술술술 잘 풀림을 분명하게 느낄 수가 있게 됩니다.

반면에 기도하지 않으면 이상하게도 교회의 일들에서 지극히 사소한 일임에도 불구하고 사소한 일에서 문제들이 일어나고, 쉽게 문제가 해결될 것 같은 기미가 보이지 않습니다. 아무 것도 아닌 일이 더 큰 일로 번지고, 사람들로부터 실망과 상처를 얻게됩니다.

처음 기도의 묘미를 느끼는 때는 작고도 작은 단편적인 일들로 기도하게 되지만, 좀 더 기도의 응답의 기쁨을 느끼기 시작하면, 이제부터는 더 큰 미래지향적이고 잠재적인 능력들을 기도로 구하고 응답을 받으며, 그 기도에 응답받는 즐거움과 기쁨을 함께 느끼며 생활하게 됩니다.

기도의 묘미란 바로 이런 것입니다. 삼십 년 전에 진로를 위하여 기도하였던 일들이, 나이 오십이 넘은 뒤에야 응답하셨다는 사실을 알게 되는 것도 기도의 결과입니다. 그것이 주님의 뜻이었으며, 주님께서 응답하시고 계셨다는 것, 그리고 기도했던 일들이 결실을 맺었다는 것을 아는 것도, 그것이 기도의 제목이었고, 꾸준히 기도하였기 때문입니다.

기도의 응답은 단 시간이 아니라 이와 같이 아주 오래고 긴 시간이 지난 후에야 응답하셨다는 사실을 확인 하는 경우도 있다는 사실을 알 수가 있습니다.

성경은 기도의 사람들이 하나님께 드린 기도에 대하여 응답받았던 실제적인 사례들을 너무나 많이 기록하고 있습니다.

야베스의 기도, 다니엘의 기도, 히스기야의 기도, 모르드개의 금식, 바울과 실라의 기도, 초대 예루살렘 교회의 기도 등등, 우리는 다 나열할 수 없을 만큼 믿음의 기도의 위대한 영웅들을 열거하여 보여줍니다. 그분들은 모두 기도의 용사들이었습니다. 그리고 하나님께 간절히 드린 기도에 대하여 응답받았던 우리와 같은 사람들이었습니다.

여러분도 기도하는 생활에서 기도의 묘미를 느끼고, 깨닫고, 기도에 응답받는 즐거운 기도의 생활을 누려보시기 바랍니다. 기도의 응답의 기쁨을 경험하면 경험할수록, 기도의 자리에 나가는 시간이 늘어나고 있음을 틀림없이 경험하게 될 것입니다.

제3장
일년 일독 성경

또 어려서부터 성경을 알았나니 성경은 능히 너로 하여금 그리스도 예수 안에 있는 믿음으로 말미암아 구원에 이르는 지혜가 있게 하느니라. 모든 성경은 하나님의 감동으로 된 것으로 교훈과 책망과 바르게 함과 의로 교육하기에 유익하니, 이는 하나님의 사람으로 온전하게 하며 모든 선한 일을 행할 능력을 갖추게 하려 함이라. (딤후 3:15-17)

1. 하나님의 말씀인 성경

성경은 하나님의 기록된 말씀

✦ 성경은 인류의 구세주이신 예수 그리스도의 오심을 설명하고, 그분의 지상 생활의 사역과 고난과 부활, 승천, 그리고 인류의 미래에 대하여 기술합니다.

우리는 예수님께서 직접 성경에 대하여 하신 말씀을 통하여 올바르게 성경을 바라보고 이해할 수가 있습니다.

너희가 성경에서 영생을 얻는 줄 생각하고 성경을 연구하거니와 이 성경이 곧 내게 대하여 증언하는 것이니라. (요 5:39)

구약성경의 모든 기록은 성부 하나님의 사역과 예수 그리스도의 오심에 대한 예언입니다. 성부 하나님께서 인류의 구속사에 관여하시고 계시다는 사실과 그분의 계획하신 일들과 그분의 사역의 성취에 대하여 보여주시고 계시는 것입니다. 바로 이런 이유들이 성경이 이 세상의 책과는 다르다는 점을 보여주고 있습니다.

신앙을 체험한 많은 이들이 성경을 통하여 주님을 알았으며, 성경을 통하여 인생의 진리를 깨달았습니다. 좌절하고 있을 때, 하나님의 기록된 말씀인 성경을 통하여 응답을 받았으며, 성경을 통하여 미래에 대하여 주님께서 함께 하시고 계심을 확증할 수 있었습니다.

우리는 성경이 일반적인 책과는 다른 교회의 거룩한 경전이며, 다른 어느 책보다도 더 값지고, 귀중한 하나님의 말씀으로 받아들입니다. 성경은 하나님의 이름으로 오신 성령님께서 성경을 기록한 제자들에게 감동을 주심으로 기록된 하나님의 말씀이기 때문입니다.

디모데후서 3장 16절에는 이렇게 기록합니다.

모든 성경은 하나님의 감동으로 된 것으로 교훈과 책망과 바르게 함과 의로 교육하기에 유익하니, 이는 하나님의 사람으로 온전하게 하며 모든 선한 일을 행할 능력을 갖추게 하려 함이라. (딤후 3:16-17)

성경의 구성

★ 유대 민족들은 구약성경을 모세오경, 소선지서 등으로 분류하

였지만, 오늘날 개신교에서는 소선지서 열두 권을 각각 낱권으로 분류하여 구약성경 39권, 신약성경 27권으로 총 66권의 성경을 성경으로 채택하고 있습니다.

카톨릭은 개신교가 채택하지 않은 외경이라고 불리는 성경을 경전에 포함시킴으로써 성경의 권수가 더 늘어납니다. 그 대표적인 성경으로 마카베오 상·하, 지혜서, 바룩, 토비트서 등이 있습니다.

개신교가 카톨릭과는 다르게 외경을 선택하지 않는 이유는 기독교의 교리가 받아들일 수 없는 내용과 황당한 이야기들, 그리고 연옥설과 같은 정통 교리와는 다른 내용들을 외경이 기록하고 있기 때문입니다.

예전에는 카톨릭에서 공동번역을 사용하여 '외경전서'라고 외경을 별도로 구분하여 놓았는데, 지금은 카톨릭 내에서 완전히 독자적으로 한글성경을 번역하여 사용하고 있습니다.

구약성경에서 가장 먼저 나오는 모세오경은 다섯 권으로 이루어져 있으며 율법서라고도 이야기 합니다. 그 외에도 구약성경은 역사서와 예언서, 시편, 잠언 등 다양한 장르로 구성이 되어 있습니다. 시편은 크게 다섯 편으로 나누어져 있는데 지금의 교회가 사용하는 찬송가와 같은 의미입니다.

구약성경은 대체로 창세 시대부터 예수님께서 오시기 전까지의 긴 역사의 기간 동안의 그 역사와 그 기간 동안 활동했던 수많은 선지자들의 예언과 성취에 관한 내용을 담고 있습니다.

현재 개신교에서 채택하는 신약성경은 스물일곱 권으로 4개의 복음서와 역사서신인 사도행전, 그리고 묵시록(Apocalypse) 형태의 예언서인 요한계시록과 그 외의 여러 서신서들을 포함하고 있습니다. 이 서신서는 서간문, 즉 그 형식이 편지의 형태로 기록되어진 성경을 말합니다.

구약성경과 신약성경의 구분을 살펴보면 다음과 같습니다.

★ 구약성경 : 39권

① 율법서 : 창세기(창), 출애굽기(출), 레위기(레), 민수기(민), 신명기(신) / (총5권) ※ '모세5경'이라고도 함

② 역사서 : 여호수아(수), 사사기(삿), 룻기(룻), 사무엘상(삼상), 사무엘하(삼하), 열왕기상(왕상), 열왕기하(왕하), 역대상(대상), 역대하(대하), 에스라(스), 느헤미야(느), 에스더(에) / (총12권)

③ 시가서 : 욥기(욥), 시편(시), 잠언(잠), 전도서(전), 아가(아)예레미야 애가(애) / (총6권)

④ 예언서

  a. 대선지서 : 이사야(사), 예레미야(렘), 에스겔(겔), 다니엘(단) /(총4권)

  b. 소선지서 : 호세아(호), 요엘(엘), 아모스(암), 오바댜(옵)요나(욘), 미가(미), 나훔(나) 하박국(합), 스바냐(습), 학개(학), 스가랴(슥), 말라기(말) / (총12권)

★ 신약성경 : 27권

① 복음서 : 마태복음(마), 마가복음(막), 누가복음(눅), 요한복음(요) / (총4권)

② 역사서 : 사도행전(행) / (총1권)

③ 서신서 : 로마서(롬), 고린도전서(고전), 고린도후서(고후), 갈라디아서(갈), 에베소서(엡), 빌립보서(빌), 골로새서(골), 데살로니가전서(살전), 데살로니가후서(살후), 디모데전저(딤전), 디모데후서(딤후), 디도서(딛), 빌레몬서(몬), 히브리서(히), 야고보서(약), 베드로전서(벧전), 베드로후서(벧후), 요한1서(요일), 요한2서(요이), 요한3서(요삼), 유다서(유) / (총21권)

④ 예언서 : 요한계시록(계) / (총1권)

성경은 하나님의 구속사의 파노라마

★ 성경은 육십 육권으로 구성된 성부 하나님과 예수 그리스도, 그리고 성령님의 사역에 대한 장편의 대 서사시이며, 한줄기의 긴 이야기를 가진 구속사의 파노라마입니다.

구약성경과 신약성경의 처음과 끝을 연결하면, 처음 시작은 이 세상의 창조이야기로 출발하며, 마지막은 새 하늘과 새 땅이 창조되는 이 세상의 종말로 끝이 납니다. 이 이야기의 처음부터 끝까지의 주인공은 하나님이시며, 예수 그리스도를 통한 하나님의 인류에 대한 구속사의 사랑을 담고 있습니다.

성경은 창세기에서 요한계시록의 마지막 장까지 인류의 파멸이 주제가 아니라, 믿는 사람들을 구원하여 영원히 거하도록 하기 위한, 새 하늘과 새 땅, 그리고 새로운 도성 새 예루살렘에서 모두가 찬양의 기쁨을 누리게 되는 오실 하나님의 나라에 대한 약속을 담고 있는 것입니다. 그래서 성경을 언약, 혹은 계약, 약속이라고 이야기하고, 예수님께서 오시기 이전의 약속을 기록한 성경을 구약성경(Old Testament), 예수님께서 오신 이후의 약속을 기록한 성경을 신약성경(New Testament)이라고 이야기합니다. 성경은 하나님께서 인간에 대한 구원의 약속을 기록한 것입니다.

다양한 이야기를 담고 있는 성경을 모두 읽고 나면, 각권의 성경이 역사의 흐름을 따라 하나의 맥을 이어가고 있음을 볼 수 있는데, 그 맥이 바로 하나님께서 말씀으로 우리 인간들에게 이루시리라 하신 약속, 즉 언약과 계약인 것입니다. 이 언약은 궁극적으로 예수 그리스도께서 인류를 구속하시기 위하여 이땅에 오실 것임과 그 사역을 성취하심으로써 하나님의 나라가 완성됨을 보여주고 있습니다.

이 사역의 일차적인 완성은 예수 그리스도의 십자가에서의 대속의 죽으심 이후의 부활이며, 새 하늘과 새 땅에 온 인류가 부활하여 들어감으로써, 이 사역이 완성될 것입니다.

믿고 구원을 얻은 성도들은 하나님의 나라, 즉 하늘나라인 천국에 들어가 영생을 누리게 될 것이며, 믿지 않는 사람들은 결국 불로써 소금 치듯 하는 지옥에 떨어지게 될 것입니다. 이것이 성경이 보여주고 있는 하나님의 구속사의 사랑에 대한 이야기이며, 성경에 나타난 모든 일들의 결론인 것입니다.

하나님이 세상을 이처럼 사랑하사 독생자를 주셨으니 이는 그를 믿는 자마다 멸망하지 않고 영생을 얻게 하려 하심이라. (요3:16)

2. 성경읽기

성경읽기는 성도들의 생활 규범

★ 성경을 읽는 것은 성도들의 신앙생활의 처음이며, 주님을 가까이 하는 생활의 첫 출발이기도 합니다. 왜냐하면 성경을 읽음으로써 하나님이 어떤 분이신지를 알게 되고, 또한 하나님께 나아갈 수 있게 되기 때문입니다.

우리가 기도를 할 때도 성경말씀을 토대로 하여 기도하며, 우리의 삶의 모든 가치판단 기준을 하나님의 말씀으로 기록된 성경말씀을 통하여, 그 기준을 삼게 됩니다. 적어도 예수님을 믿고 의지하는 그리스도인이라고 불리는 성도라고 한다면 말이지요.

하나님의 말씀을 가까이 하라는 구약성경에 기록된 하나님의 명령은 우리가 어떤 방법으로 성경을 가까이 하며 살아야 하는지 잘 보여줍니다.

오늘 내가 네게 명하는 이 말씀을 너는 마음에 새기고, 네 자녀에게 부지런히 가르치며, 집에 앉았을 때에든지 길을 갈 때에든지 누워 있을 때에든지 일어날 때에든지 이 말씀을 강론할 것이며, 너는 또 그것을 네 손목에 매어 기호를 삼으며, 네 미간에 붙여 표로 삼고, 또 네 집 문설주와 바깥문에 기록할지니라. (신 6:6-9)

처음 신앙생활을 하는 이들에게 성경을 읽는다는 것이 쉬운 일이 아닙니다. 목회자도 신학서적을 읽는 일에 치중하다 보면, 성경말씀을 읽는 일을 등한시 하게 되어, 오히려 평신도보다 믿음이 떨어지게 되는 경우가 있습니다. 목회자도 이렇게 성경 읽는 것을 등한히 할 수가 있는데, 평신도야 더 말할 나위가 있겠습니까? 직업을 가진 평신도가 매일 성경을 읽는 일이란 웬만한 정성을 기울이지 않고는 결코 쉬운 일이 아닌 것입니다.

현대인의 경제생활이 성경을 읽거나 독서를 위한 시간을 내기가 쉽지 않을 뿐만 아니라, 경제활동을 유지하기 위한 각종 지식을 습득하는데 대부분의 시간을 할애하여야 하는 만큼, 성경을 읽고 묵상하고 기도하는 시간을 내기란 웬만한 믿음과 정성을 들이지 않고서는 어려운 일입니다. 이런 점을 생각할 때마다 하나님께서 이스라엘 민족을 택하시고, 이들에게 유목업을 강조하신 일과 아브라함으로 하여금 소돔과 고모라 땅을 멀리하게 하신 이유를 조금씩 알 것 같습니다. 왜냐하면 유목을 하는 이들의 마음은 도심의 사람들보다 소박하고 순수하여 하나님의 말씀을 가까이 하기에 그만큼 세상으로부터의 유혹이 적었을 테니까요.

아직까지 교회생활을 알지 못하고, 교회를 처음 출석하는 이들에게 성경은 고어체로 된 문장이어서 금방 이해하기가 어렵고, 그리고 상식적으로도 이해가 가지 않는 내용이 많아 금방 읽어내려 가기가 쉬운 책이 아닙니다. 그러나 성경을 가까이하면 할수록 성경은 점점 더 읽기가 편해지고 성경을 접근하기가 쉬워집니다. 믿음을 체험하고, 주님이 계시다는 확신이 들 때쯤엔 성경말씀이 점점 더 소중하게 여겨지게 됩니다.

성경을 가까이 하고, 성경을 읽고, 그 말씀을 중심으로 묵상하고 기도하는 것은 성도의 신앙생활의 규범입니다. 성경이 처음에는 접근하기가 어렵지만, 믿음이 생기고 그 깊이가 더하면 더할수록 성경을 읽는 묘미를 깨닫게 되고, 성경을 가까이 하는 것이 믿음의 깊은 영성을 더하게 함을 알 수 있습니다.

성경을 읽는다는 것, 그것은 성도가 믿음의 생활을 유지하기 위해서 반드시 갖추어야 할 요소입니다. 중세 시대에는 한때, 평신도들이 성경을 읽지 못하도록 금지한 일이 있습니다. 이는 성경을 이해하는 지식의 부족이 왜곡된 성경 이해와 잘못된 성경해석을 가져옴으로써 신앙이 오류에 빠지지 않도록 하기 위함이었습니다. 물론 성경을 읽지 못하게 한 이유에는 이 외의 여러 가지가 있었겠지만, 성경을 올바르게 이해해야 한다는 사실을 그만큼 중요하게 여겼던 것입니다. 이는 즉 잘못된 해석의 오류로 인하여 신앙의 곁길로 빠지지 않게 하기 위함이었습니다.

지금도 교회 내에서 이단이 발생되는 가장 큰 이유는 정통적인 성경해석을 벗어나 자의적이고도, 지극히 주관적인 독단에 빠져 성경을 해석하기 때문입니다. 특히 다미선교회나 신천지, 구원파와 같은 종말적이고도 극단적인 해석이 성경을 아는 지식의 오류에 의하여 이루어지는 것을 보면, 성경의 바른 해석과 이해는 성경읽기를 권장하는 과정에서 그만큼 중요하게 인식되는 것임을 알 수 있습니다.

성경을 읽어야 하는 이유

★ 우리 성도들이 성경을 읽어야 하는 구체적인 이유는 무엇일까요? 왜 성경을 읽어야 하는 것일까요? 성경은 우리에게 교훈을 주고 유익함을 준다는 단순한 그 이유 때문일까요?

성경은 이 세상의 교훈적인 책이나 그 어떤 책과는 다른 바로 하나님의 말씀이며, 교회의 거룩한 경전입니다. 성경은 제3위의 하나님이신 성령님의 도우심으로 쓰여진 하나님의 말씀인 것입니다. 그래서 신학자들은 성경을 정경(Cannon)이라고 일컫습니다.

그리스도인은 성경을 반드시 읽어야 합니다. 이는 세상의 책과는 다른 하나님의 말씀이기 때문입니다. 하나님의 영감으로 쓰여진 이 성경 말씀은 예수 그리스도에 대하여 말씀해 주며, 우리에게 구원의 확증을 가져다주기 때문입니다.

모든 성경은 하나님의 감동으로 된 것으로 교훈과 책망과 바르게 함과 의로 교육하기에 유익하니, 이는 하나님의 사람으로 온전하게 하며 모든 선한 일을 행할 능력을 갖추게 하려 함이라. (딤후 3:16-17)

우리는 성경을 읽어야 합니다. 유혹에 빠지거나 마음이 흔들릴 때, 이를 극복할 수 있는 힘은 하나님의 말씀인 성경에서 나오는 것임을 우리는 알고 있습니다. 성경 말씀을 읽으므로 힘을 얻게 되며 미래에 대한 소망의 확증을 가질 수 있습니다. 바로 옆에 주님께서 나와 함께 계심을 알 수 있고, 나를 구속하셨음을 알 수 있으며, 주님께서 나를 사랑하시고 계심을 알 수도 있습니다. 성경의 말씀들은 믿음의 섭리를 보여주며, 오늘 하루 우리의 인내의 시련을 믿음을 통하여 극복할 수 있음을 보여주기 때문입니다.

성경은 능히 너로 하여금 그리스도 예수 안에 있는 믿음으로 말미암아 구원에 이르는 지혜가 있게 하느니라. (딤후 3:15)

성경은 하나님의 말씀이며, 하나님의 거룩하신 모습과 그분이 우리를 향하여 나타내시는 그분의 뜻과 인류를 향한 사랑을 우리에게 증거하여 줍니다. 성경을 읽으므로 그분의 크신 사랑과 그분이 우리와 함께 하시고 계심, 그리고 예수 그리스도께서 우리의 장래를 인도하여 주실 것이라는 확실한 사실에 대하여 알 수 있게 해 줍니다.

그래서 성경은 반드시 읽어야 하는 것입니다.

성경은 이외에도 우리를 바른 길을 갈 수 있도록 안내하여 주며, 우리의 장래를 주님께 맡길 수 있도록 도와줍니다. 성경을 읽으므로 착한 행실과 믿음의 선한 의로움, 그리고 자선과 이웃 돌봄을 실천하게 합니다.

성경은 우리가 하는 일에 있어서 무엇이 옳은 일인지를 알게 하며, 우리의 장래가 하나님의 뜻에 가까이 있음을 알게 합니다. 그러니 어찌 성경을 읽지 않을 수 있겠습니까? 성경은 성도라면 반드시 읽어야만 하는 것입니다.

성경을 읽는 순서

★ 처음 성경을 접하다가 보면 정말 잘 넘어 가질 않습니다. 특히 마태복음 첫 장이나 역대상의 예수 그리스도의 계보나 이스라엘 족보를 접하면 이런 것을 꼭 알아야 하는가를 고민을 할 때가 있습니다.

물론 이제 어느 정도 성경을 읽고 이스라엘의 지역이나 이름에 익숙해지면, 그것을 해석하거나 주석하는 일이 너무 재미있지만, 처음 성경을 접하는 이들에게는 고역일 수 있습니다.

성경을 읽을 때는 순서대로 읽는 것이 가장 좋지만, 여의치가 않은 경우에는 우선 마가복음을 먼저 읽으라고 권고하고 싶습니다. 마가복음은 신약성경의 네 권의 복음서중 가장 짧은 성경으로, 한번 읽으면 예수 그리스도의 사역의 전반을 한 눈에 이해할 수 있게 해 주기 때문입니다.

마가복음은 복음서 중 가장 짧기 때문에 신학자들은 초대교회의 예배 중에 마가복음서가 낭독되었을 것이라는 추측을 하기도 합니다. 그 이유는 예수 그리스도의 교훈과 일대기를 가장 간단하고도 명료하게 기록하고 있기 때문입니다.

가장 짧은 복음서인 마가복음서를 먼저 읽으면, 전체적으로 주님의 탄생과 사역, 그리고 그분의 죽으심과 부활하심을 한눈에 알 수 있게 됩니다. 예수 그리스도를 알지 못하는 이들이 빠른 시간 내에 예수 그리스도에 대하여 알기 위해서는 마가복음을 먼저 읽기를 권장하는 이유가 바로 이 때문입니다.

예수 그리스도의 신성과 그분의 사역을 알고 깨닫기 위해서는 요한복음을 먼저 읽는 것이 좋습니다. 요한복음은 예수 그리스도의 신성과 그분께서 십자가 사역을 감당하시고, 이 세상에서 하늘로 올라가신 후, 보혜사 성령님께서 예수님의 이름으로 오셔서 성도들을 보호할 것임을 강력하게 선포하고 있습니다. 그래서 예수 그리스도에 대하여 알기를 원하는 이들이 복음서를 읽기를 원한다면, 먼저 마가복음서와 요한복음서 가운데 먼저 한 가지를 읽으라고 권하는 것입니다.

우리가 다른 성경도 좋지만 가장 먼저 읽어야 할 성경은 네 복음서입니다. 왜냐하면 예수님께서 이 세상에 계시는 동안 그분의 활동과 사역을 가장 자세히 소개하고 있기 때문입니다.

신약성경의 마태, 마가, 누가, 요한복음은 복음서로 예수 그리스도의 일대기와 생애, 그리고 그분의 탄생하심과 지상에서의 사역, 십자가상에서의 고난과 죽음, 부활과 승천 등등, 이 모든 이야기를 함께 담고 있습니다. 특히 예수님의 지상 사역의 모습은 그분의 이적과 표적, 믿음과 고난, 그리고 죄를 사하여 주시는 그분의 말씀들을 상세하게 기록하고 있음을 보여줍니다.

제자들을 통하여 성령님의 감동으로 기록되어진 이 복음서들을 읽으면 주님의 능력과 사유하심, 그리고 그분의 우리를 향하신 깊으신 사랑과 그분의 뜻을 다시 한 번 깨닫게 됩니다. 하나님의 말씀인 성경은 여러분의 심령을 치유할 수 있는 능력을 가지고 있을 뿐만 아니라, 성경을 읽을 때 보혜사이신 성령님께서 예수 그리스도에 대하여 생각나게 하실 것이기 때문입니다.

믿음의 생활을 처음 시작하거나, 믿음의 생활을 잃어버린 경우, 처음부터 다시 성경읽기를 시작하여야 할 곳도 바로 복음서이고 마음을 회복시키기 위해서 읽어야 할 것도 복음서입니다.

이제 그리스도를 알고 보다 깊이 예수 그리스도의 교훈에 대하여 알고 싶어 한다면, 사도행전과 로마서, 그리고 신약성경의 다른 성경들을 차례로 읽으며 믿음을 다져 나갈 때입니다.

사도행전은 예수님께서 부활하여 승천하신 기록과 그 이후 제자들이 성령님의 역사하심을 따라 표적과 이적을 행하며, 예수님의 지상명령, '땅 끝까지 복음을 전하라'는 그분의 명령을 실천하는 제자들의 모습을 보여주고 있습니다. 또한 제자들의 복음전파 사역 가운데서 역사하시는 성령님의 활동과 사도바울의 회심 등의 놀라운 이적과 표적들을 기록하고, 성령님의 도우심으로 초기 교회가 탄생하는 모습을 우리에게 증언해 줍니다.

로마서는 조금 난해한 느낌이 없지 않지만, 그리스도인이 예수 그리스도를 받아들이는 기본적인 교리의 초석이라 할 만큼 체계적으로 믿음의 문제들을 하나하나 설명하여 보여줍니다. 이 로마서는 근본적으로 예수 그리스도를 믿는 믿음이 율법과 어떤 관계가 있는지, 그리고 그리스도인의 믿음의 삶의 문제에 대하여 하나하나 깊이 있게 풀어 설명하고 있습니다.

또한 요한계시록은 미래에 대한 소망과 확증을 우리에게 전해 줍니다. 예수님께서 살아계시며, 우리 교회들을 감찰하시고 계심을 알려주며, 또한 우리가 죽은 이후의 부활과 새 소망스런 삶을 살아가게 될 모습을 거울처럼 비춰줍니다. 성도의 인내가 필요할 때, 요한계시록은 우리에게 미래에 대한 확증과 소망을 갖게 해주며, 우리들의 장래를 더욱 더 믿음으로 탄탄하게 안내하여 줍니다.

구약성경은 성부 하나님의 세계 창조와 인간의 창조, 그리고 선민

이스라엘 민족의 택하심, 초기 이스라엘 민족의 조상들의 구원의 역사를 기록하며, 우리에게 하나님께서 함께하시고 계심을 구체적인 역사적 사실들을 통하여 증언해 줍니다.

또한 구약성경은 세상 가운데서 섭리하시며, 주님의 음성을 듣게 하며, 그분의 말씀을 믿고 따르는 삶의 결과를 이스라엘 민족의 역사를 통하여 나타내고 있습니다. 잠언은 절제를, 시편은 기도를 배울 수 있게 해 주며, 예언서들은 이스라엘 민족들에게 역사하시고 말씀하시는 하나님의 모습을 보임으로써, 우리들이 주님의 음성을 듣게 하고, 하나님을 경외하는 생활에서 멀어지지 않도록 경계해 줍니다.

이렇게 성경 각권의 주제와 그 내용들을 안다면, 성경을 읽기가 훨씬 수월해 질 수 있습니다. 성경을 읽을 때에는 성경의 역사적 흐름의 배치를 따라 구약성경부터 읽는 것이 순서이지만, 처음 신앙생활을 하거나 성경을 통독하기를 원하는 사람들은 신약성경 마태복음부터 순차적으로 읽는 것이 좋습니다.

신약성경의 대부분의 글들이 서신(편지)들이기 때문에 어떤 특정 믿음의 사람이나 교회에 보내어진 편지라고 이해하면 성경을 읽기가 편해질 것입니다.

어느 정도 믿음이 형성되었다고 판단되는 사람이라면, 신약성경 첫 부분부터 하나씩 순차적으로 신약성경 전반부터 읽어 가는 것이 좋습니다. 그렇게 하면 성경에 나타난 하나님의 뜻과 예수 그리스도의 구원과 지상에서의 사역, 그리고 그분의 뜻을 실천하며 산 제자들이 우리에게 보여주는 하나님의 사랑을 하나하나 이해하고 깨달을 수 있기 때문입니다.

주제어와 핵심 성경말씀 찾아 읽기

★ 우리가 성경을 읽을 때 주의하여야 할 점은 성경은 성경 각권마다 키 포인트가 있고, 그 성경의 열쇠가 되는 핵심 구절들이 있다고 하는 것입니다.

성경을 읽을 때는 성경 각권이 말씀하고자 하는 핵심적인 주제어나 성경구절을 찾아가며 읽어보는 것이 좋습니다. 가령 구약성경의 이사야나 호세아서, 스가랴서 모두 핵심적인 단어가 '돌아오라'입니다. 하나님을 배반했던 이스라엘 민족이 이제 주님을 앙망하게 될 것이며, 주님은 긍휼이 많으신 분이시고, 이스라엘 민족을 사랑하는 만큼, 회개하고 하나님께로 '돌아오라'는 것입니다. 그리고 하나님께서 이스라엘 민족을 '사랑하고 또 사랑한다'는 것이 핵심적인 주제입니다.

성경은 각권마다 이렇게 주제 내용이 있고, 핵심적인 말씀이 있습니다. 성경을 읽다가 보면, 성경 각권마다 주님께서 말씀하시고자 하시는 성경의 주제 말씀을 찾을 수 있게 되는 것입니다.

그렇다면 성경 전체에서 우리에게 들려주시고자 하는 핵심적인 성경말씀은 무엇일까요? 이는 우리가 전도할 때나 혹은 예수 그리스도를 소개할 때 주로 사용하게 되는 말씀과도 동일합니다. 신약과 구약성경, 모든 성경의 각권을 아우르는 핵심적인 성경말씀은 요한복음 3장 16절이라고 할 수 있습니다.

하나님이 세상을 이처럼 사랑하사 독생자를 주셨으니 이는 그를 믿는 자마다 멸망하지 않고 영생을 얻게 하려 하심이라. (요 3:16)

이 말씀은 성경 가운데서 가장 핵심이 되는 한 구절입니다. 이 말씀은 신·구약 성경 전체가 나타내고 있는 예수 그리스도의 사역에 대하여 한마디로 표현한 확실한 증거의 말씀이기도 합니다.

예수 그리스도의 구원의 은혜와 그분이 우리를 얼마나 사랑하시고 계시는지를 한마디도 요약하여 나타내는 말씀입니다. 즉, 우리에게 나타내 보여주는 성경 전체를 아우르는 핵심적인 말씀이라고 할 수 있습니다. 그래서 우리는 어린아이들에게 이 말씀을 외우게 하며, 마음에 새기게 하고, 또한 이 말씀을 가지고 성장할 수 있도록 양육하는 것입니다.

우리는 성경을 읽을 때, 성경 전체를 한마디로 요약해 내는 성경말씀 뿐만 아니라, 성경 각권에서도 주제가 되는 말씀들을 찾아낼 수 있습니다. 성경 각권을 읽고 난 후, 성경 각권의 핵심적인 주제어, 그리고 자주 반복되는 단어, 그 성경에서 가장 핵심적인 구절들을 찾아보면 그 성경을 읽고 이해하는데 많은 도움이 됩니다.

성경 각권의 핵심적인 말씀은 성경이 나타내는 주제의 내용에 따라 한 가지가 아닌 여러 가지로 나타나는 경우도 있지만, 성경을 읽는 성도 각자가 그 성경에서 얻게 되는 주제어를 찾아 묵상하며 기도하는 생활을 반복한다면, 어느새 성도들의 영적생활은 더욱 강건하게 자라가고 있음을 알 수 있게 될 것입니다.

거룩한 헌신에 도전하라

3. 올바르게 성경읽기

성경을 읽을 수 있는 복된 여유

🍁 초기 교회가 시작되었을 때 신약성경은 기록조차 없었을 것이고, 교회는 사도들이나 이들로부터 교육을 받은 장로, 감독, 집사들에게서 구전을 통하여 하나님의 말씀을 들었을 것입니다.

당시의 여건으로 보아 양피지나 파피루스에 필사된 구약성경 역시 당시로 보아서는 적은 비용이 아니었을 테니, 어디서든 성경을 쉽게 가까이 할 수 있는 오늘의 성도들은 그만큼 축복받은 셈입니다. 우리는 조금만 비용을 지불하면 성경을 얼마든지 구입할 수 있고, 그렇지 않더라도 어디서든 쉽게 하나님의 말씀을 들을 수 있습니다.

우리는 인터넷을 통하여 무료로 성경을 다운받을 수 있을 뿐만 아니라, 가정마다 한두 권의 성경을 여유로 가지고 있을 정도이니, 말씀의 풍요 속에 살고 있다고 해도 과언이 아닐 것입니다.

여러 선교센터에서는 예수 그리스도를 믿지 않는 사람들을 대상으로 성경을 무료로 보급하는 운동을 벌이고 있으니, 이 얼마나 복스러운 세상입니까? 그만큼 하나님의 말씀을 쉽게 가까이에서 접할 수 있게 되었으니, 우리가 얼마나 하나님께로부터 복 받은 세상에서 살고 있는지 새삼 깨닫게 됩니다.

예배시간에 듣는 목회자의 설교만으로는 하나님의 본성과 존재, 그리고 하나님의 거룩한 뜻을 온전히 알기가 어렵습니다. 목회자는 설교는 대부분 특정된 주제를 단편적으로 다루고 있기 때문에 주님에 대하여 더 깊이 알고 싶어 하는 갈망이 일어날 때가 있습니다. 예배 중에 목회자의 설교가 차지하는 시간이 대부분이지만, 예배의 특성상 제한된 시간만 설교시간으로 활용이 가능하기 때문입니다. 그래서 우리는 성경공부 시간을 따로 만들기도 하고, 구역예배나 소그룹 모임을 통하여 성경을 더 가까이 하게 됩니다.

성경을 읽게 되면 구약성경과 신약성경의 확실한 틀을 알 수 있고, 거기에 담겨져 있는 구체적인 하나님의 의도와 하나님의 사랑을 확증할 수 있기 때문에 성도는 하나님의 말씀인 성경을 반드시 가까이 하여야 하는 것입니다.

오늘날에는 개신교나 카톨릭 할 것 없이 평신도들이 성경을 읽도록 권장하고 있기 때문에, 성도가 성경을 읽는다는 것은 신앙생활의 미덕인 것입니다. 성도들이 성경을 읽다가 조금만 궁금한 점이 있어도

인터넷이나 참고 서적을 통하여 그 의문점을 얼마든지 해소할 수 있기 때문에, 그만큼 성경을 가까이 할 수 있는 좋은 여건에 놓여 있다고 할 것입니다.

예수님께서 땅 끝까지 이르러 복음을 전하라고 말씀하신 것처럼 우리는 언제든지 복음을 접할 수 있고, 어디에서든 어떤 곳에서든 인터넷으로 하나님의 말씀은 성경과 주변 지식들까지도 얼마든지 가까이 할 수 있으니, 땅 끝까지 복음이 전해진 것이나 마찬가지일 것입니다. 이제 평신도들도 언제든 성경을 쉽게 가까이 할 수 있으므로, 누구든 이 성경을 읽으므로 하나님의 뜻에 대하여 분명하게 알 수 있게 되었습니다.

성경을 대할 때의 마음가짐

🍁 성경을 읽는 마음가짐은 그냥 책처럼 편안하게 독서를 할 것인가, 아니면 정좌하고 거룩한 경전으로 읽을 것인가 하는 성경을 읽을 때의 자세를 의미하는 말이기도 합니다.

성경을 읽을 때는 먼저 묵상기도로 시작하여 성경의 깨달음을 구하고, 다시 성경을 읽은 후 기도로 마무리하는 것이 가장 바람직한 방법입니다. 왜냐하면 성경은 일반적인 책이 아니라 거룩하신 하나님의 말씀을 기록한 경전이기 때문입니다.

유대민족의 성경인 구약성경을 기록하던 서기관들은 성경말씀을 필사할 때, 온몸을 씻고 정결의식을 행한 후, 그 철자 하나하나까지도 틀리지 않도록 매우 심혈을 기울여 기록하였다고 합니다.

서기관들은 이 성경을 보존하기 위하여 모든 힘과 정성을 다 쏟아 부었습니다. 하나님의 말씀에 대한 경외심을 가지고 필사에 오류가 없도록 온 심혈을 기울였던 것입니다. A.D.70년경 로마가 예루살렘 성전을 파괴한 후, 일부 열심당원들이 마사다 언덕으로 피신을 한 후, 로마가 삼년 동안 외곽을 싸고 전투를 벌였을 때, 그중 몇 사람이 마사다 언덕의 지하 비밀통로로 탈출하여 이 필사본들을 쿰란동굴에 보관하였다가, 최근에 한 양치기에 의하여 발견된 문서들이 사해문서라고 합니다. 그만큼 유대민족들은 성경을 하나님의 말씀으로 아주 귀중히 여기고 그 보존에 얼마나 심혈을 기울였던 것입니다.

오늘날의 우리 그리스도인들은 어떨까요? 성경이 너무 흔해서 문제가 됩니다. 집에 가도 성경이 넘쳐날 뿐만 아니라, 사서 다 읽지도 않은 성경책이 넘쳐나고, 교회의 예배당 한 구석에는 주인을 잃어버린 성경책이 돌아다니기도 합니다.

성경은 하나님의 말씀입니다. 책상위에 놓을 때도 가지런히 놓아야 하고, 보관에도 신경을 쓰는 것이 좋습니다. 이것이 성경을 대하는 성도의 바른 태도일 것입니다.

성경책은 책꽂이에 꽂을 때에도 가장 중앙에 성경만을 따로 가지런히 꽂아 놓는 것이 좋습니다. 사실 이런 일이 잘되지만은 않습니다.

영어성경의 번역본들과 한글 성경의 번역본들을 다 모아 보면, 이삼십 종은 족히 되기 때문에 책꽂이에서도 한 곳에 가지런히 꽂아 놓기 어렵기 때문입니다.

성도는 성경을 소중히 생각하고 보관에도 주의를 기울여야 합니다. 성경을 소중히 여기고 귀중히 대하는 태도는 성도들의 바른 삶의 방식이며, 바른 신앙생활의 태도이기 때문입니다.

성경을 대할 때는 하나님의 말씀이 기록된 만큼 소중하게 여기고, 매일매일 거룩한 마음으로 가까이 하는 것이 좋습니다. 성경을 읽을 때에도 이 말씀이 하나님의 말씀임을 깨달아 마음을 정결하게 하고, 거룩한 마음으로 그 말씀을 받는 것이 좋습니다.

오늘의 시대, 신앙생활을 유지하는 것조차도 쉽지 않은 때, 성경을 읽고, 그것을 소중하게 보관하고, 관리하는 일이 쉬운 일만은 아니라는 사실에는 틀림이 없습니다. 그러나 옛 어른들이 성경을 폐기할 때도 불로 태우던 것을 기억하여 보면, 요즘 성경이 개정되어 바뀌어 못 쓰게 된 옛날의 성경을 폐기할 때도 고민이 많아집니다. 그냥 폐휴지 버리는 것처럼 버릴 수 없어, 시골에 가서 태우고 오는 경우가 있지만, 이것도 시골이나 고향이 있는 사람들의 이야기이기 때문입니다. 못쓰게 된 성경과 그 성경을 복사한 말씀들을 그냥 폐휴지를 버릴 때 함께 버릴 수 밖에 없는 것이 현실이기 때문입니다.

읽다가 오래된 성경은 전도용이나 처음 교회를 다니는 이웃을 위하여 전하는 것이 좋은 방법인데, 요즘은 서점에서 성경을 쉽게 구할 수 있는 편이어서 얼마간의 돈으로 새로운 성경을 사 주다가 보면, 다 읽은 성경을 폐기하는 일 자체도 만만치 않게 되었습니다.

우리 그리스도인들이 처한 현실과 여건이 점점 더 경건에서 멀어진다하더라도 성도는 성경을 읽거나 대하는 일은 하나님의 말씀이란 점을 깊이 상기하여, 경건한 마음으로 성경책을 대하고 보관하여야 할 것입니다. 이것이 올바른 믿음을 가진 성도들의 하나님의 말씀이 기록된 성경을 보관하고 관리하는 바른 태도일 것입니다.

성경을 읽는 좋은 방법

★ 성경은 어떻게 읽는 것이 좋을까요? 어떻게 성경을 읽는 것이 바람직한 방법일까요? 성경을 읽을 때는 특별히 주의할 점은 없을까요? 어쩌면 쓸 데 없는 질문 같지만, 한참 생각해 보면 성경을 읽는 방법이 매우 중요하다는 생각을 할 수가 있습니다.

처음 성경을 잡고 나면, 한 번에 눈에 들어오지 않으니, 여기 조금, 저기 조금, 먼저 눈이 가는 부분을 찾아 읽기 마련입니다.

예수 그리스도의 사역의 일대기는 이미 위인전을 읽으면서 대부분의 사람들이 읽어보았고, 시중에 나온 책들에서도 얼마든지 소개되어 있을 테니, 성경말씀을 어떻게 읽고 이해하고, 교훈으로 받아들일 것인가 하는 것이 더 중요한 문제일 수 있습니다.

성경을 읽는 방법은 정독과 다독, 아니면 매일의 묵상, 또는 주석을 해 가며 읽는 여러 가지 방법이 있습니다. 어떤 경우에는 중요한 말씀을 모아 놓은 성구를 찾아가며 읽는 방법을 선택하는 방안도 있습니다.

첫째, 성경을 정독하는 방법입니다.
성경을 처음부터 독서를 하듯이 한 줄씩 뜻을 음미해가며 읽어나가며, 성경을 읽는 방법입니다. 이는 성경을 읽는 가장 전형적인 방법으로 성경을 읽는 가장 바람직한 방법이기도 합니다.

둘째 다독의 방법입니다.
이는 성경읽기의 매일 매일 또는 일정기간의 목표량을 정하고 그날의 목표량을 무조건 채워서 읽어나가는 방법입니다. 마치 소설책을 읽듯이 주욱 성경을 읽어나가는 방법입니다. 이 방법은 성경을 어느정도 이해한 사람들이 성경의 전반적인 줄거리 전체를 알고 싶어 할 때 성경을 가까이하는 방법입니다. 처음 신앙생활을 하는 성도의 경우에는 다독보다는 정독할 것을 권합니다.

셋째, 성경을 묵상하며 읽는 방법입니다.
신앙의 성숙기에 들면 이런 묵상방법을 권유하지 않아도 자연스럽게 성경말씀 한 구절 한 구절을 묵상하며 깊이 있게 성경을 읽게 됩니다. 성경의 중요한 구절을 메모하고, 자신이 받은 은혜를 기록하며,

이 말씀을 주제로 회개하고, 깨달은 바를 가지고 주님께 기도를 드리며 성경을 읽는 방법입니다. 이렇게 성경을 읽고 묵상하는 것이 성경을 읽는 가장 올바르고 바람직한 방법이지만, 여기에는 성경묵상 훈련과 목회자의 바른 지도가 필요하다고 할 수 있습니다.

넷째. 성경을 주석하며 읽는 방법입니다.

이는 성경에 대하여 깊이 이해하고자 하는 신학생이나 목회자가 성경을 깊이 연구하고자 하는 사람들이 성경을 공부하는 방법입니다. 학자적인 관점이 될 수 있으나, 성경을 체계적으로 배우고 공부하거나 연구하고자 할 때 선택하는 방법입니다.

다섯째, 성경의 중요 구절만 조금씩 찾아보고 묵상하는 방법입니다.

이는 특정 기도제목이 있을 경우 위안을 받기 위하여 또는 성경말씀을 주제로 기도하기 위하여 성경을 읽는 방법입니다. 같은 주제의 말씀들을 모아 은혜를 얻고자 할 때 성경을 읽는 방법입니다.

성경읽기는 그 어느 방법이나 장단점과 특징을 가지고 있고, 나름대로의 유익한 점이 있습니다. 그러나 아직 성경을 전체적으로 한번 읽어보지 못하거나, 처음 성경을 읽기 시작하는 사람이라면, 정독으로 성경을 읽을 것을 권합니다.

성경 정독이 물론 쉬운 일은 아닙니다. 정독과정에서 성경을 이해하지 못하는 부분이 있을 수 있고, 더 깊이 연구해야 할 부분과 시대의 환경에 따라 변화시켜 적용해야 할 부분들이 있기 때문에, 처음 성경을 읽으면서, 그 의미를 정확히 이해하기는 어려운 부분이 없잖아 있습니다. 그래서 성경읽기가 어렵다고 이야기하는 것입니다. 이런 경우에는 이해가 잘 안가는 부분은 인터넷 주석이나, 목회자와의 상담 등을 통하여 자세한 해석을 듣는 것이 좋은 방법입니다.

이스라엘의 역사와 세계사 등이 혼합된 예언서 등의 경우에는 시대적 상황을 이해하지 못하면 전반의 이해가 어려운 면이 있지만, 처음 성경을 읽는 경우에는 이런 면은 조금 덮어두고 하나님께서 나 자신에게 말씀하시는 부분, 그리고 그 말씀 말씀마다 역사하시고 계시는 하나님의 계획과 그분의 뜻을 이루시는 모습에 치중하여 성경을 읽으면 영적 깊이가 더해질 것입니다.

성경을 읽다가 보면 파노라마처럼 보이는 예수 그리스도에 대한 구속사의 흐름과 그분의 함께 하심과 응답하심을 알 수 있을 것입니다. 그리고 우리가 고난 가운데 있을 때 기도하면, 그분이 우리를 기쁘게 받으시고 구원을 베푸신다는 사실을 쉽게 깨달을 수가 있을 것입니다.

4. 일년일독 성경의 실천

일년 일독 성경의 도전

✤ 성경이 잘 안 읽어지는데 성경을 많이 읽기 위해서는 어떤 좋은 방법이 없을까요? 아마 성경읽기에서 가장 많이 질문하는 말이기도 합니다. 성경을 읽기를 독려하기 위한 가장 좋은 방법은 '성경읽기 표'를 가져다가 읽을 성경을 장을 표시하여 가며 읽는 방법이 가장 좋은 방법입니다.

기독교 서점에서 판매하는 대부분의 교사수첩이나 교회용 다이어리들은 수첩 뒤쪽에 반드시 '성경읽기 표'를 첨부하여 놓고 있습니다. 성경읽기 표를 체크해 나가면서 성경을 속독하면 내가 읽은 성경의 양과 남은 양을 한눈에 알 수 있습니다. 특히 성경읽기 표는 나 자신이 읽은 성경의 양을 한눈에 알 수 있게 해 줍니다. 매일 성경을 읽는 양이 늘어나는 것을 보면 이보다 더 흐뭇할 수 없습니다.

성경읽기 표를 계속 모아 보면 자신이 읽은 성경의 회수를 알 수 있고, 성경을 읽은 분량 또한 금방 알 수 있습니다. 또한 이 성경읽기 표 몇 장을 모아 보면, 마음 한편으로 뿌듯함을 느낄 수도 있습니다. 성경을 몇 번이나 읽었다는 스스로의 성취감과 자긍심이 마음을 채우기 때문입니다.

성경읽기 표는 낱장으로도 서점에 판매하기 때문에, 성경 사이에 끼워 놓고 자신이 읽은 성경의 장을 표시해 보면, 그날 성경을 읽은 양과 성경을 읽어가는 속도 또한 정확히 측정할 수 있게 됩니다.

성경을 일 년에 한번 읽기 위해서는 이 성경읽기 표를 가지고 자신이 하루에 읽을 수 있는 장의 수를 계산해서 연간 성경읽기 계획을 마련할 수도 있습니다.

교회를 출석하지 않는 중년의 내과 의사 선생님 한분이 작정을 하고 성경을 읽어야 되겠다 싶어서 성경을 읽기 시작했더니, 꼭 3개월 만에 성경 전체를 모두 다 읽었다고 합니다. 의사선생님이 환자를 보는 시간을 제외하면, 퇴근 시간 이후나 일요일 성경을 읽었을 것이므로, 보통 사람들 역시 마음에 작정을 하고 성경을 읽는다면, 3개월이면 충분히 성경을 한번 완독할 수 있다는 이야기이가 되는 것이겠지요.

한편으로 이 이야기는 그리스도인들의 일년 일독 성경이 그리 어렵지 않을 뿐만 아니라, 마음만 먹으면 얼마든지 가능하다는 이야기가 됩니다. 다만, 그리스도인들이 성경을 읽는데 시간이 걸리는 이유는 성경읽기가 빨리 읽는 것보다 정독이 위주가 되고, 정독의 경우에도 말씀을 묵상하며 깊이 있게 성경을 읽기 때문입니다. 따라서 말씀을 음미함으로 일독하는 시간이 일반인들보다는 더 소요되기 때문에 일 년 일독에 시간이 더 소요될 수 있는 것입니다.

성경을 읽다가 보면 난해하거나 혼자서는 도저히 내용을 이해할 수 없는 부분이 있는데, 이 경우에는 목회자를 찾는다던지 주석을 찾아서 해답을 얻을 수 있습니다. 그러나 대부분 성경을 일독하는 분들은 성경읽기에 주목하기 때문에 목적상 성경의 난해한 부분을 세밀히 관찰하지 않고, 의문이 있더라도 그냥 의문을 남겨 둔 채 체크만 해 놓고 넘어가고 맙니다.

사실 구약성경을 읽다가 보면 이스라엘의 역사가 궁금해지고, 성경에 나타난 이스라엘의 계보나 족보가 잘 이해가 되지 않습니다. 또한 남 유다와 북 이스라엘의 역사적 상황이 의문점으로 남지만, 성경을 여러 차례 읽은 이후에야 심도 있는 성경공부의 필요성을 느끼게 됩니다. 한두 권의 주석서를 놓고 공부하게 되는 때가 바로 이때이기도 합니다.

일 년에 한번 성경을 읽는 것이 여간 노력을 하지 않으면 완독하기가 어렵습니다. 이와 같이 일년 일독 성경이 쉽지만은 않은 것입니다. 연로하신 권사님들께서 '나는 성경을 몇 번 읽었네요.' 하는 말씀을 들을 때마다 존경하게 되는 것이 바로 성경읽기가 그리 쉽지 않기 때문입니다.

성경의 난해한 부분까지 다 이해하고 성경해석을 겸하여 성경을 읽으려면 사실 일년 일독 성경이 어려울 수 있습니다. 그러나 성경읽기에 익숙해지고 나면, 하나님의 구속사의 사랑이 파노라마처럼 다가오고, 내가 주님을 사랑하고 있다는 사실을 다시 확증하며, 성경말씀 읽기를 좋아하게 됩니다. 그래서 성경읽기가 어렵지만 일 년에 일독을 하라고 권면하는 것이고, 성경읽기 표를 따라 성경을 읽는 것이 유익하다고 이야기 하게 되는 것입니다.

성경읽기 표를 활용한 성경읽기

🍁 성경읽기 표를 보면 구약성경과 신약성경의 성경 내용의 순서대로, 각 성경의 읽은 부분 한장 한장을 체크할 수 있도록, 성경의 각 장 전체를 구분하여 나타내고 있습니다. 성경을 읽고 성경읽기표의 네모 칸을 체크해 나가면 각자가 성경을 읽은 주기마다 읽은 성경을 읽은 분량을 계산해 낼 수가 있습니다. 이것이 성경읽기표의 기록에 따른 효과입니다.

일 년 열두 달을 나누어 자신이 월간 읽을 분량을 분석해 보면, 그 달 읽어야 할 성경의 분량을 짐작할 수 있고, 자신이 읽은 성경의 분량을 알 수 있기 때문에, 성경읽기 표를 사용하는 것은 아주 유용한 방법입니다.

성경을 읽기 계획을 짤 때에는 아무래도 구약성경보다는 신약성경이 읽기 쉽기 때문에 매일 읽는 성경의 분량을 신약성경과 구약성경을 구분하여 각각 달리하는 것이 좋습니다.

성경읽기를 매일 반복하면 자신이 계획하고 읽을 수 있는 성경의 분량이 대충 파악이 됩니다. 연간 성경읽기 계획표를 만들어서 성경 일독에 도전해 보면, 성경읽기에서 오는 신앙생활의 유익함을 깨달을 수 있을 것입니다. 요즘은 스마트폰이 발달되어 있어 출근 지하철 안에서나 사무실의 잠깐 여유 있는 시간에도 성경을 펼쳐 볼 수 있는 여유로움을 가질 수 있습니다.

스마트폰으로 성경읽기를 며칠간 반복해 보면, 하루에 자신이 평균적으로 읽게 되는 성경의 분량이 확인이 됩니다. 종이책으로 된 성경을 읽는 분량, 스마트폰으로 읽는 성경의 분량, 이렇게 합산되어 하루에 읽을 수 있는 성경의 분량을 계산하면, 연간 성경읽기 계획표가 완성될 수 있습니다. 이러한 성경읽기 계획으로 성경 일독에 도전해 보는 것은 어떨까요?

연초부터 성경읽기를 시작하면, 성경만 집중해 보지 않는다하더라도 경험상 네 복음서와 사도행전, 시편 일부까지 성경읽기를 끝낼 수 있습니다. 시편은 다른 성경보다 쉽게 읽고 묵상하며 장을 넘어 갈 수 있기 때문에, 잘 읽혀지지 않는 구약성경의 역대기상·하까지만 읽고 나면 그 다음 부터는 조금 성경을 읽기가 쉬워지게 됩니다. 이렇게 하면 연초에 시작하여 10월 이전에 성경을 완독할 수 있게 되는 것이지요.

요즘 젊은이들이 성경을 읽는 가장 좋아하는 방법은 스마트폰을 이용하는 것이지만, 좀 더 깊은 묵상이 필요할 때는 노트에 말씀을 쓰면서 묵상하는 것이 영적인 생활의 깊이를 더해 주는 것임을 알 수 있습니다.

스마트폰은 성경책에 표기하듯이 형광펜으로 마크도 하고, 색을 칠할 수도 있고, 검색기능이 있어 필요한 성경구절을 쉽게 찾을 수 있는 이점이 있습니다. 젊은이들의 경우에는 종이 성경책보다는 오히려 스마트폰이 더 다루기 편하고 가까이 느껴지는 면이 없잖아 보입니다. 아마 시간이 더 흐르고 나면 스마트폰 형태의 전자책이 더 많이 읽혀질지도 모를 일입니다. 스마트폰을 켜고 성경책을 누르면 그날 읽었던 성경의 위치가 자동으로 표시되고, 들고 다니기에도 부담이 없고 손바닥만 하여 이용하기도 편리하니 여러 면에서 편리한 점이 있습니다.

종이책 성경책을 갖든 전자책을 이용하든 성경말씀을 가까이하는 시간과 짬을 내여 말씀을 읽는 것은 좋은 일입니다. 연중 성경읽기 계획을 하고 계획서를 짜지 못한다면, 마음속으로라도 월별 성경 읽기 분량을 정해서 성경읽기에 도전한다면 좋은 일입니다.

하나님께서는 지금 우리 인간에게 응답하시는 방법이 말씀이며, 이 말씀을 통해서만 역사하시기 때문입니다. 그래서 연중 성경읽기 계획을 마련해서라도 일년 일독 성경에 도전해 보기를 권하는 것입니다.

성경읽기 노트의 활용

🍁 어느 정도 성경읽기가 몸에 배어 있는 원숙한 성도라면, 성경을 읽는 가장 좋은 방법은 성경읽기 노트를 마련하여 자신이 성경을 읽은 일정 분량을 목표로 하고 성경읽기를 계획하는 것입니다. 그날 읽은 성경의 내용을 요약하여 기록하고, 다음에 그날 읽은 성경의 주제 말씀을 쓰고, 성경을 읽은 후의 느낀 점을 간략하게 기록하면 말씀노트 혹은 묵상기도노트, 성경기도 노트가 됩니다.

구체적인 성경읽기 노트를 기록하는 예를 들어보면, 아마 다음과 같은 방법으로 '말씀노트', 또는 '묵상노트'를 기록해 볼 수 있을 것입니다.

성경을 읽으면서 항상 이렇게 기록하면서 읽을 수는 없지만, 그래도 읽은 부분을 메모를 하고, 특별히 생각나는 부분에 밑줄을 치고, 성경읽기 노트를 기록하면, 주님을 섬기는 생활을 내가 유지하고 있구나 하는 사실을 분명히 알 수가 있습니다. 이것이 성경을 읽으면서 얻게 되는 유익한 점입니다.

성경말씀을 읽으면서 말씀에 대한 묵상, 기도제목에 대한 노트, 주님께 드리는 기도문을 각각 써 보면, 아마 내 마음이 주님을 향하여 더 깊이 나아가고 있음을 깨달을 수 있을 것입니다. 또한 성경을 읽고 거기에서 얻은 깨달음을 기록해 가면, 주님을 향한 영적생활이 늘 건

〈 말씀노트 〉

• 성경을 읽은 날짜와 시간 : 2014. 6. 1(주일) 17:00
• 성경을 읽은 곳 : 요한복음 3장
• 읽은 성경의 내용 :
  하나님께서 우리를 얼마나 사랑하시는지를, 그리고 주님께서 우리를
  사랑하시고 목숨까지도 내어주셨음을 알려주는 말씀이다.

• 나에게 주신 말씀 : 요한복음 3장 16절
  하나님이 세상을 이처럼 사랑하사 독생자를 주셨으니
  이는 저를 믿는 자마다 멸망치 않고 영생을 얻게 하려 하심이라.

• 성경을 읽고 깨달은 점 :
  이 말씀은 성경의 가장 주제되는 말씀이라고 하는데, 하나님께서 정말 우리를
  사랑하셔서, 그분의 외아들을 우리를 위한 속죄 제물로 보내셨음을 알게 된다.
  이 말씀을 가지고 전도할 때 꼭 써야 되겠다. (중략)

• 묵상 :
  이 말씀을 읽으므로 주님께서 정말 날 사랑한다는 점을 깨닫는다.
  예수님께서 나의 죄를 위하여 십자가에 몸버려 피 흘리셨다는 것이
  얼마나 큰 희생이었는지 알게 된다.
  주님을 사랑하는 삶을 살아야겠다.

〈 기도노트 〉

•기도문 쓰기, 내가 드리는 기도문 :

주님! 주님께서 우리를 사랑하시고 인도하심을 저희들이 압니다. 주님 저를
사랑하셔서 독생자 예수님을 십자가에 피흘려 돌아가시게 하셨고,
그 피값으로 우리를 사셨음을 압니다. 주님 저희들이 주님을 믿습니다. 우리의
죄를 용서하시고, 우리가 주님을 믿으며, 의지하며 살도록 도와주시옵소서.
저희들이 주님을 의지하오니, 우리 주님, 우리와 함께 하여 주시옵소서. (중략)

강하게 유지되고 있음을 알 수 있을 것입니다.

만약 성경읽기 노트를 기록할 수 있는 시간이 부족하고, 성경읽기 노트를 쓰는 것이 번거롭다고 느끼는 경우에는, 성경을 읽을 때 다음에도 찾아볼 수 있도록 형광펜이나 연필로 은혜를 받은 말씀에 표기를 해두는 것이 좋습니다. 그렇게 하면 다시 그 말씀을 기억하고 찾기에 편리합니다.

어떤 이들은 거룩한 하나님의 말씀을 기록한 성경책에 연필이나 형광펜, 혹은 사인펜으로 표기를 하는 것을 꺼려하기는 하지만, 성경을 읽다가 보면 은혜를 받은 말씀에 별도의 표기를 해 두게 되면, 나중에 다시 한 번 더 찾아서 읽거나 묵상하고 싶을 때, 훨씬 찾아보기 편리한 이점이 있습니다. 특히 은혜를 받은 성경말씀에 밑줄을 쳐 두면, 시 그 말씀을 되새기며 기도하는 경우에도, 성경말씀이 생각나지

않을 때도 그 말씀을 쉽게 찾아내 읽을 수 있는 유익한 점이 있습니다.

성경을 읽고 묵상하는 생활이 더욱 깊어지고, 성경을 읽는 분량이 늘어나면 늘어날수록 성경읽기 노트를 기록하는 습관의 유익함을 알게 되고, 성경을 기록하는 재미를 맛보게 됩니다. 성경읽기 노트를 쓰기 시작하면 훨씬 더 영적생활의 깊이가 더하여 감을 분명히 느끼게 되는 것입니다.

5. 일년 일독 성경의 유익성

예수님의 구속 사역을 확증하게 됨

🍁 성경을 일독하게 되면 성경말씀 한 구절 한 구절 보다는 성경 전체의 흐름을 이해할 수 있게 됩니다. 즉 성경 처음에서 마지막 부분까지 하나의 맥을 찾게 되고, 그 맥의 흐름을 한눈에 볼 수 있게 된다는 말입니다.

나무 한그루를 보는 것이 아니라, 숲 전체를 보고, 대나무의 각 마디마디를 따로 보는 것이 아니라, 대나무 한그루의 나무 전체를 보는 것과 같이, 성경 전체의 흐름을 이해하고, 성경이 말씀하고자 하는 전체적인 주제가 무엇인지, 나에게 말씀하시고자 하는 하나님의 말씀이 무엇인지 깨닫게 되는 것을 말합니다.

대나무의 예를 들면, 처음에 볼 때는 대나무의 각 토막 마디만 별도로 분리되어 눈에 들어오던 것이, 대나무 한그루를 니무 전체로 인식하게 되어, 마디마디가 연결된 거대한 한그루의 나무로 보이게 됩니다. 이처럼, 성경의 각 권이 하나의 그림으로 연결되어, 전체적으로는 한 폭의 병풍처럼 보이게 되는 것입니다.

우리가 병풍의 그림을 볼 때 병풍의 각장이 다른 그림으로 그려져 각각 다른 그림으로 보이지만, 그 그림의 전체적인 줄거리나 내용을 보면, 하나의 주제로 연결되어 있음을 느낄 수 있는 것과 똑 같은 이치인 것입니다.

옛 어른들이 신혼 방에 놓던 꽃이나 나무, 정자 같은 그림들이 수 놓아진 한 폭의 병풍은 포개지는 장면마다 각각 다른 그림을 담고 있지만, 그 그림은 아늑하고도 편안한 목가적인 풍경들로 한 가지의 주제, 즉 행복한 전원생활을 담고 있습니다.

성경 역시 병풍처럼 성경 한권 한권이 담고 있는 구원의 파노라마가 펼쳐져, 성경 전체가 하나의 거대한 드라마의 장관이 됩니다. 물론 여기에는 성부 하나님께서 구원을 계획하시고, 예수 그리스도를 통하여 그 구원을 이루시는 하나하나의 모습과 사건들이 병풍의 각 장면이 되는 것이지요. 성경 각 권 마다 그 모습과 장면들이 기록되어 있는 것입니다.

성경의 일독은 성경을 한질의 병풍처럼 창세기의 인간의 창조 때부터, 요한계시록의 인류와 세계의 종말까지 전 시간의 모습을 한눈에 볼 수 있게 해 주는 유익함이 있습니다.

처음 성경을 일독하였을 때의 경험은 황홀 그 자체입니다. 구약성경 창세기에서 신약성경까지 구원의 모습이 하나의 병풍처럼 전 과정이 눈앞에 황홀경처럼 환하게 펼쳐져 들어오게 되는 것을 경험할 수 있습니다.

아브라함에게 언약을 통하여 말씀하시던 하나님, 모세의 출애굽 사건, 제사를 지내던 제사장들의 모습, 여호수아의 여리고성의 진격, 이스라엘의 기드온과 같은 사사들의 활동, 어린 사무엘의 기도소리, 히스기야의 간구, 이사야와 예레미야, 에스겔을 통하여 미래의 비전을 제시하시며, 예수 그리스도의 오심을 예언하신 것, 그리고 예수님께서 제자들을 가르치시던 모습, 수많은 군중 앞에서 설교하시던 모습, 십자가의 죽으심과 부활, 그리고 주님을 따르던 제자들의 배반과 회심, 제자들의 수많은 군중 앞에서의 설교, 교회의 탄생, 바울이 옥중에서 교회에 편지를 쓰는 모습, 그리고 마지막으로 흰옷을 입은 수많은 사람들이 찬송을 부르는 그 장엄함, 그 근엄하고도 웅장한 새 예루살렘 성을 올려다보는 모습, 천년왕국, 최후의 예수님의 심판, 인류의 부활 등등 거룩하고도 위대한 구원의 파노라마가 한 장면 한 장면 떠오르는 것을 볼 수 있습니다.

이뿐만 아닙니다. 예수님의 사역과 십자가 위에서 돌아가심, 그리고 부활과 새 하늘과 새 땅의 언약을 바라보노라면, 하나님의 그 거룩한 언약의 성취가 이루어져, 환한 빛 가운데 계신 하나님의 모습과 보석으로 빛나는 새 예루살렘의 모습이 찬란하게도 황홀하게 펼쳐지는 그 장엄한 장면을 바라볼 수 있습니다.

구속과 언약에 관한 책으로는 네덜란드 신학자가 쓴 「약속, 그리고 구원」이라는 네 권의 두꺼운 시리즈로 된 두꺼운 책이 있는데, 신학 대학에서 공부하기 훨씬 이전 이 책을 독파하고, 다시 한 번 그 깊은 감격에 차 있었던 기억이 새로워집니다. 또한 성경에 대하여 내가 이해하고 해석하고 있는 것이 틀리지 않았구나 하며 스스로 자족하던 기억이 있습니다.

성경 전체의 줄거리를 읽는 것은 참으로 중요합니다. 성부 하나님께서 예수 그리스도를 통하여 이루신 구원 사역의 모습을 한눈에 바라볼 수 있는 커다란 감격을 맛보도록 기회를 부여하기 때문입니다.

우리를 믿음에서 넘어지지 않게 함

🍁 성경은 우리를 변화시키는 중요한 하나님의 메시지를 담고 있습니다. 이 메시지를 깨달음으로 성경이 우리를 주님께로 인도하시는 하나님의 말씀이라는 사실을 이해하게 됩니다.

히브리서 4장 12절 말씀은 하나님의 말씀인 성경의 능력을 보여줍니다.

하나님의 말씀은 살아 있고 활력이 있어 좌우에 날선 어떤 검보다도 예리하여 혼과 영과 및 관절과 골수를 찔러 쪼개기까지 하며 또 마음의 생각과 뜻을 판단하나니 (히 4:12)

성경을 일독하고 난 이후에는 성경말씀이 더 오묘해지며, 어떤 환란과 역경의 상황속에서도 흔들리지 않는 믿음을 갖게 됩니다. 그리고 이 믿음뿐만 아니라, 이 믿음을 더욱 굳세게 해 주는 견고함을 갖게 됨을 알 수 있습니다.

내가 진실로 진실로 너희에게 이르노니 내 말을 듣고 또 나 보내신 이를 믿는 자는 영생을 얻었고 심판에 이르지 아니하나니 사망에서 생명으로 옮겼느니라. (요 5:24)

예수께서 이르시되 나의 양식은 나를 보내신 이의 뜻을 행하며 그의 일을 온전히 이루는 이것이니라. (요 4:34)

너희가 성경에서 영생을 얻는 줄 생각하고 성경을 연구하거니와 이 성경이 곧 내게 대하여 증언하는 것이니라. (요 5:39)

설령 주님을 따르는 길을 잠시 떠났다 하더라도 우리가 주님의 품으로 다시 돌아갈 수 있게 되는 것도, 자주 읽었던 성경말씀이 생각나고, 주님의 품으로 인도하시는 성령님께서 성경말씀을 통하여 주님의 사랑을 깨닫게 하기 때문입니다. 그리고 성령님께서 성경말씀을 통하여 나의 마음을 거울같이 들여다보게 하시며, 성경말씀을 통하여 은혜로 나를 감싸도록 도우시기 때문입니다. 그래서 우리는 성경말씀을 통하여 예수 그리스도의 부르심을 깨닫고 그분께로 돌아갈 수 있는 것입니다.

여호와는 만군의 하나님이시라 여호와는 그를 기억하게 하는 이름이니라. 그런즉 너의 하나님께로 돌아와서 인애와 정의를 지키며 항상 너의 하나님을 바랄지니라. (호 12:5-6)

성경의 말씀 한 구절 한 구절은 위기의 순간에 나의 인생의 좌표를 깨닫게 하는 그야말로 나에게 다가오는 말씀입니다. 성경의 기록된 말씀은 나의 마음을 움직여 나의 인생을 결정하게 하며, 미래를 꿈꾸게 합니다. 성경을 읽을 때마다 성령님께서 내 마음을 감동시키시기 때문입니다. 그래서 성경을 읽는 것이 유익하다고 하는 것입니다.

하나님의 나라는 먹는 것과 마시는 것이 아니요 오직 성령 안에 있는 의와 평강과 희락이라. (롬 14:17)

오직 너 하나님의 사람아 이것들을 피하고 의와 경건과 믿음과 사랑과 인내와 온유를 따르며, 믿음의 선한 싸움을 싸우라 영생을 취하라 이를 위하여 네가 부르심을 받았고 많은 증인 앞에서 선한 증언을 하였도다. (딤전 6:11-12)

이와 같이 성경이 권면하는 바는 우리가 성경을 읽을 때 우리 가슴에 깊이 다가와 박히게 되는 것입니다. 성경을 읽으므로 듣게 되는 믿음에 대한 경계의 말씀은 우리가 세상에 빠지지 않고, 오직 경건과 믿음의 생활을 유지할 수 있도록 돕게 되는 것입니다.

이 세상이나 세상에 있는 것들을 사랑하지 말라 누구든지 세상을 사랑하면 아버지의 사랑이 그 안에 있지 아니하니, 이는 세상에 있는 모든 것이 육신의 정욕과 안목의 정욕과 이생의 자랑이니 다 아버지께로부터 온 것이 아니요 세상으로부터 온 것이라. 이 세상도, 그 정욕도 지나가되 오직 하나님의 뜻을 행하는 자는 영원히 거하느니라. (요일 2:15-17)

그리스도인의 삶의 표준이 보이게 됨

★ 우리는 왜 성경을 읽는 것일까요? 무엇 때문에 성경을 읽는 것일까요?

앞에서 우리는 성경을 읽는 목적을 하나님의 살아계심에 대한 확신, 주 예수 그리스도의 구속하심에 대한 믿음의 확증 등으로 살펴본 바 있습니다. 그리고 하나님의 응답하심에 또한 성경말씀을 이루어짐도 살펴보았습니다. 그렇다면 성경을 읽을 때 얻게 되는 또 다른 유익함은 없을까요? 아마 우리가 다 나열할 수는 없지만, 성경을 읽을 때 오는 여러 유익함이 또한 많이 있을 것입니다.

그렇다면, 우리가 성경을 읽음으로 얻게 되는 또 어떤 유익함은 무엇일까요? 이것은 물론 성경을 읽는 목적과 동일하게 부합되는 내용이기도 합니다. 다시 부연하자면, 성경을 읽는 유익함은 그리스도에 대한 믿음의 확신이 있게 된다고 하는 것이며, 우리 장래를 주님의 길 가운데 들어설 수 있게 한다고 하는 것입니다.

이제 우리는 이런 믿음의 확증을 넘어선, 그 다음의 단계로 넘어가서 성경을 읽음으로 무엇을 어떻게 할 것인가를 고민해야 하는 믿음의 실천문제에 직면하게 됩니다. 이때 성경은 우리가 이 세상에 대하여 어떻게 경계하며, 우리가 어떤 방법으로 그리스도인의 삶을 살아야 하는지를 안내해 줍니다.

낮에와 같이 단정히 행하고 방탕하거나 술 취하지 말며 음란하거나 호색하지 말며 다투거나 시기하지 말고, 오직 주 예수 그리스도로 옷 입고 정욕을 위하여 육신의 일을 도모하지 말라. (롬 13:13-14)

우리가 성경을 읽는 목적은 우리의 삶이 이 세상을 중심으로 살던 삶에서 오로지 하나님을 중심으로 사는 삶으로 변화될 것을 기대하기 때문입니다. 스마트폰을 이용한 전자성경을 통하여 하나님을 가까이 하든 종이로 된 성경책을 통하여 하나님의 말씀을 가까이 하든, 말씀을 읽고 그 말씀을 깊이 새기면 하나님의 함께 하심을 분명히 느낄 수 있습니다.

성경을 읽으면서 우리가 얻게 되는 그리스도에 대한 확신은 아주 기초적이고도 근본적인 은혜이며, 그 다음은 그리스도를 위하여 사는 적극적이고 고차원적인 삶, 즉 인생의 목적이라는 문제에 부딪히게 됩니다. 그리스도인들이 사는 삶의 목적은 오로지 주님을 위한 삶으로, 이제 이러한 삶을 사는 방법의 문제에 직면하여 고민하게 되는 것입니다.

지금부터는 그리스도인들이 예수 그리스도를 믿고 난 이후의 삶이 어떠해야 하는지, 이에 대한 질문과 함께 이에 대한 대답을 얻고자 노력하게 됩니다.

그리스도인으로서의 현실적인 삶은 성경 곳곳에 산재되어 설명이 됩니다. 그리고 우리 그리스도인들의 적극적이고도 헌신적인 예수 그리스도를 위한 삶의 참여를 당부합니다. 그리스도인으로서의 인격과 품성의 변화, 헌신적인 삶, 성령의 체험, 제자의 양육, 이웃을 향한 선교, 교회에 대한 봉사, 거룩한 품성으로의 변화의 요구, 성령님께서 임재하신 이후의 생활 등등, 하나님의 말씀인 성경은 이러한 문제들에게 대하여 성령님의 감동으로 질문에 답하며 믿음을 가르칩니다.

특히 고린도전서 12장과 로마서 12장은 성령님의 다양한 은사가 무엇인지를 기록하며, 이것이 교회에 대하여 어떤 위치를 갖게 되는지를 설명해 줍니다.

형제들아. 신령한 것에 대하여 나는 너희가 알지 못하기를 원하지 아니하노니, 너희도 알거니와 너희가 이방인으로 있을 때에 말 못하는 우상에게로 끄는 그대로 끌려 갔느니라. 그러므로 내가 너희에게 알리노니 하나님의 영으로 말하는 자는 누구든지 예수를 저주할 자라 하지 아니하고 또 성령으로 아니하고는 누구든지 예수를 주시라 할 수 없느니라. 은사는 여러 가지나 성령은 같고, 직분은 여러 가지나 주는 같으며, 또 사역은 여러 가지나 모든 것을 모든 사람 가운데서 이루시는 하나님은 같으니, 각 사람에게 성령을 나타내심은 유익하게 하려 하심이라. 어떤 사람에게는 성령으로 말미암아 지혜의 말씀을, 어떤 사람에게는 같은 성령을 따라 지식의 말씀을, 다른 사람에게는 같은 성령으로 믿음을, 어떤 사람에게는 한 성령으로 병 고치는 은사를, 어떤 사람에게는 능력 행함을, 어떤 사람에게는 예언함을, 어떤 사람에게는 영들 분별함을, 다른 사람에게는 각종 방언 말함을, 어떤 사람에게는 방언들 통역함을 주시나니, 이 모든 일은 같은 한 성령이 행하사 그의 뜻대로 각 사람에게 나누어 주시는 것이니라. 몸은 하나인데 많은 지체가 있고 몸의 지체가 많으나 한 몸임과 같이 그리스도도 그러하니라. (고전 12:1-12)

　이제 성경을 읽기 시작하면 그리스도인의 삶의 표준이 조금씩 보이기 시작할 것입니다. 가난한 때나, 부유할 때나 한 결 같이 주님을 섬기던 바울의 모습이 보일 것이며, 선교여행을 떠나던 제자들의 의기에 찬 모습도 하나씩 둘씩 눈에 선하게 드러날 것입니다.
　이제 여러분의 삶은 어떻습니까? 어떻게 응답하시렵니까? 여기에 여러분 스스로의 질문이 남아있는 것입니다. 성경을 읽으므로 여러분에게 끊임없이 말씀하시는 주님의 음성을 듣고, 이 말씀을 가지고, 이 말씀을 중심으로 살아가는 것이 주님께서 여러분을 부르시는 부름인 것입니다. 그리고 이제 여러분은 그 주님의 부르심에 헌신으로 응답하여야만 하는 것입니다. 이것이 우리 성도들이 끊임없이 성경을 읽는 이유이며, 성경을 읽는 진정한 목적이 되는 것입니다. 성경을 읽은 후에 그 믿음의 발걸음이 올바른 걸음을 걸어갈 수 있게 되기를 바랍니다.

예수 그리스도의 종이며 사도인 시몬 베드로는 우리 하나님과 구주 예수 그리스도의 의를 힘입어 동일하게 보배로운 믿음을 우리와 함께 받은 자들에게 편지하노니, 하나님과 우리 주 예수를 앎으로 은혜와 평강이 너희에게 더욱 많을지어다. 그의 신기한 능력으로 생명과 경건에 속한 모든 것을 우리에게 주셨으니 이는 자기의 영광과 덕으로써 우리를 부르신 이를 앎으로 말미암음이라. 이로써 그 보배롭고 지극히 큰 약속을 우리에게 주사 이 약속으로 말미암아 너희가 정욕 때문에 세상에서 썩어질 것을 피하여 신성한 성품에 참여하는 자가 되게 하려 하셨느니라. 그러므로 너희가 더욱 힘써 너희 믿음에 덕을, 덕에 지식을, 지식에 절제를, 절제에 인내를, 인내에 경건을, 경건에 형제 우애를, 형제 우애에 사랑을 더하라. 이런 것이 너희에게 있어 흡족한즉 너희로 우리 주 예수 그리스도를 알기에 게으르지 않고 열매 없는 자가 되지 않게 하려니와 이런 것이 없는 자는 맹인이라 멀리 보지 못하고 그의 옛 죄가 깨끗하게 된 것을 잊었느니라. 그러므로 형제들아 더욱 힘써 너희 부르심과 택하심을 굳게 하라. 너희가 이것을 행한즉 언제든지 실족하지 아니하리라. 이같이 하면 우리 주 곧 구주 예수 그리스도의 영원한 나라에 들어감을 넉넉히 너희에게 주시리라. (벧후 1:1-11)

제4장
주일 예배 성수

만일 안식일에 네 발을 금하여 내 성일에 오락을 행하지 아니하고 안식일을 일컬어 즐거운 날이라, 여호와의 성일을 존귀한 날이라 하여 이를 존귀하게 여기고 네 길로 행하지 아니하며 네 오락을 구하지 아니하며 사사로운 말을 하지 아니하면, 네가 여호와 안에서 즐거움을 얻을 것이라. 내가 너를 땅의 높은 곳에 올리고 네 조상 야곱의 기업으로 기르리라 여호와의 입의 말씀이니라. (사 58:13-14)

1. 주일예배 성수란?

안식일의 의미

🍁 구약성경의 십계명에서의 안식일은 하나님께서 지시하신 날로 율례를 따라 '거룩히 지키라'는 명령이 주어졌습니다. 이는 하나님께서 거룩하게 하신 날이기 때문입니다.

우리의 생각은 '구약시대의 안식일의 의미와 신약시대의 안식일의 개념이 달라진 의미는 무엇일까?' 하는 데서부터 출발합니다. 주님께서 안식일에 이적을 베푸신 일들로 안식일의 개념이 완전히 달라진 것일까요?

우리가 알 수 없는 일들이 바로 이런 안식일에 대한 개념이며, 이를 어떻게 받아들이고 앞으로 생활해 나가야 할 것인가 하는 문제가 고민으로 다가올 수가 있습니다. 처음 교회에 다닐 때에는 아무런 개념이 없었지만, 이제 어느 정도 교회에 출석하는 시간이 오래되고, 신앙의 연륜이 쌓이게 되면, 우리가 예기치 않았던 이런 원초적인 질문에 싸이게 됩니다.

구약시대의 안식일의 개념은 어떤 의미이며, 신약시대의 안식일의 개념은 어떻게 달라진 것일까요? 왜 주일을 안식일인 토요일로 지키지 않고, 일요일을 주일로 지키는 것일까요? 우리는 여전히 '안식을 지키라.'는 하나님의 명령이 유효하다고 믿는 것일까요?

우리가 어릴 적 교회에 다닐 때에는 교회의 어르신들께서 주일을 거룩히 지키라는 명령을 실천하도록 강한 권고를 하는 것을 보곤 했습니다. 심지어 주일날 군것질도 하지 못하게 하였으며, 가게에서 과자조차 사지 못하게 하였습니다. 거룩한 주일은 아주 경건하게 보내야 한다는 뜻이었습니다. 나이를 먹고, 세속에 물드는 어느 순간부터 주일을 경건하게 보낸다는 말이 멀리 떨어져 있는 사람들에게나 해당되고, 나와는 아무런 상관이 없는 일같이 느껴집니다. 현대인들에게 안식일이나 주일은 어떤 의미가 있는 것일까요? 우리 그리스도인들에게 주일은 어떤 의미로 다가오는 것이며, 어떻게 보내는 것이 과연 바른 일일까요?

'안식일을 거룩히 지키라.'는 성부 하나님의 명령은 이제 오늘의 세계에서는 사라지고 아무런 의미도 없는 말 같아 보입니다. 안식일의 의미조차도 무기력하게 사라지고 만 것 같습니다. 과연 그럴까요? 오늘의 시대에 안식일의 의미는 아무런 의미가 없는 것일까요?

예수님께서 십자가 위에서 운명하시던 사건의 당일, 성경은 하나님께서 강림하시고 임재 하시던 지성소에 커다란 변화가 있었음을 기록합니다. 성소와 지성소를 구별하던 휘장이 위에서부터 아래로 갈라져 찢어져 둘로 나뉘어졌다는 것입니다.(마 27:51) 더 이상 지성소가 휘장 속에 갇혀 있지 않게 된 것이죠. 이는 누구나 지성소를 들여다 볼 수 있다는 것과, 한 면으론 하나님께서 더 이상 지성소에 임재하지 않으시겠다는 사실을 의미합니다.

예수 그리스도께서 이 세상에 나타나심으로 성부 하나님의 모습을 이 세상에 비추셨으며, 이제 그분이 십자가에서 돌아가셨다가, 다시 부활하심으로 사망의 권세를 이기었습니다. 성부 하나님께서 더 이상 지성소에 임재하실 필요가 없어진 것이죠. 왜냐구요? 성부 하나님께로부터 예수님의 이름으로 오시는 성령님께서 바로 이 시간 오늘 우리와 함께 계시므로, 우리는 예수님의 명령을 따라 '영과 진리'로 예배를 드릴 수 있게 되었기 때문입니다.

그리고 예수님께서 성부 하나님께서 계신 하늘나라로 승천하심으로써, 예수 그리스도의 이름으로 오시는 성령님께서, 오늘 우리와 함께 계시고, 항상 우리 안에 거하시기 때문입니다.

성전의 지성소의 주인은 하나님이셨고, 그곳에 하나님께서 임재하셨습니다. 그러나 그곳에 임재 하시던 하나님은 지금 우리와 친히 함께 하심으로 더 이상 지성소가 필요치 않게 되었고, 우리는 하나님께 성도 한 사람 한 사람 각자가 영과 진리로 예배를 드릴 수 있게 되었습니다. 보혜사이신 성령님께서 우리 안에 내주하시고, 우리의 예배를 주관하시고 계시기 때문에 우리는 예수 그리스도를 믿는 믿음으로 예배를 드릴 수 있게 된 것입니다.

어린 양을 잡아 제사를 드리던 구약시대처럼, 이제는 더 이상 그렇게 피의 제사를 따로 드리지 않아도 하나님께 나아갈 수가 있게 되었습니다. 예수 그리스도께서 자기 자신이 친히 어린 양의 제물이 되시므로 우리를 위한 영원한 속죄제를 단 번에 드리셨기 때문입니다. 어린 양이신 예수 그리스도께서 단번에 자신의 몸을 영원한 속죄 제물로 드리심으로 이제는 더 이상 희생제를 드릴 필요가 없게 되었습니다. 그리하여 우리는 나음을 입게 되었으며, 죄 씻음을 받게 되었습니다. 주님께서 안식일의 주인이 되시고, 친히 우리를 위하여 십자가에 달려 돌아가심으로써, 우리의 죄를 흠 없으신 예수 그리스도 피로 속량하셨기 때문에 우리는 믿음으로 주님을 뵈올 수 있게 된 것입니다.

안식일의 의미는 이제 '지키라'는 수동적인 명령에서 벗어나, 적극적인 개념으로 전환이 되어, 나 자신이 솔선하여 자원하는 마음으로 주님께서 부활하신 날을 기념하여 지키는 것입니다.

우리를 위하여 속죄 피를 흘리신 예수 그리스도께서는 하나님이셨고, 안식일의 주인이셨습니다. 성부 하나님의 독생자 되신 예수 그리스도, 그분은 성자 하나님이셨습니다. 그래서 우리는 안식일을 '거룩하게 지키라'는 십계명에 나타난 성부 하나님의 명령보다 더 적극적인 의미로 '주일'을 거룩하게 지키며, 주님을 찬미하며, 온전히 주님을 섬기며 주일 하루를 보내는 것입니다.

그렇다면 구약성경의 '안식일'의 개념과 우리 그리스도인들이 지키고 있는 '주일'의 의미의 차이는 무엇일까요? 주일을 거룩히 지키기 위해서는 먼저 주일 예배의 근원이 되었던 안식일의 의미를 이해하고, 성도들의 삶과 어떤 관계성이 있는지, 그리고 신약시대에 시작된 '주일'은 어떻게 그 시작이 되었는지를 함께 알 필요가 있습니다. 이 개념의 정립이 바로 되어야 성도들이 신앙생활을 유지하는데 큰 혼란이 오지 않을 것이기 때문입니다.

초대교회의 주일 예배

🍁 처음 교회가 시작되었을 때, 성경의 기록에 나타난 초기 교회는 유대교회와 동일하게 안식일뿐만 아니라 매일 모여 예배를 드리며, 성경에 대한 강론을 듣고, 예수님의 피 흘리심을 기념하며, 기념만찬 예식을 지켰던 것으로 보입니다. 또한 오실 예수님을 함께 기다리며 공동체 생활을 유지하였던 것으로 보입니다.

예수님께서 부활하신 후, 물고기를 잡으러 나갔던 제자들은 다시 주님을 만납니다. 그리고 주님께서 부활하신 후, 사십일 간 이 세상에 계시다가 승천하시면서 제자들에게 남긴 명령을 따라, 다락방에 모여 기도하기 시작하였습니다.

사도행전은 이렇게 기록합니다.

그가 택하신 사도들에게 성령으로 명하시고 승천하신 날까지의 일을 기록하였노라. 그가 고난 받으신 후에 또한 그들에게 확실한 많은 증거로 친히 살아 계심을 나타내사 사십 일 동안 그들에게 보이시며 하나님 나라의 일을 말씀하시니라. 사도와 함께 모이사 그들에게 분부하여 이르시되 예루살렘을 떠나지 말고 내게서 들은 바 아버지께서 약속하신 것을 기다리라. (행1:2-4)

제자들은 예수님께서 부활하신 날을 기념하여 함께 모여 예배와 기도를 드리기 시작하였습니다. 성 금요일에 예수님께서 십자가에 달리셨다가, 3일 후, 예수님께서 무덤에서 부활하신 이 날은 매 주일의 첫 날, 바로 오늘의 주일이었습니다.

구약성경에 따르면 하나님의 명령에 따라 일주일의 마지막 날인 토요일을 안식일로 지켜왔습니다. 그러나 이제는 안식일의 주인이신 예수 그리스도의 부활과 승천으로 '주님의 날', 즉 '주일'이 주님을 예배하는 날이 되기 시작한 것 같습니다.

이 날 곧 안식 후 첫날 저녁 때에 제자들이 유대인들을 두려워하여 모인 곳의 문들을 닫았더니 예수께서 오사 가운데 서서 이르시되 너희에게 평강이 있을지어다. (요 20:19)

그 주간의 첫날에 우리가 떡을 떼려 하여 모였더니 바울이 이튿날 떠나고자 하여 그들에게 강론할새 말을 밤중까지 계속하매(행 20:7)

처음 제자들은 공동체 생활을 통해 매일 예배를 드리고, 찬송을 하며, 떡을 떼며, 주님을 섬겼지만, 교회 공동체의 생활 속에 '주일'이 예수님의 부활하신 날로 그 의미가 더해지면서 교회의 예배일로 지켜지기 시작하게 된 것입니다. 이날은 주님의 부활뿐만 아니라, 오순절 성령세례 사건으로 교회가 처음 시작이 된 날이기도 했습니다.

'약속하신 성령을 기다리라'는 주님의 명령을 따라 마가의 다락방에서 밤새워 부르짖어 기도하던 제자들에게 성령님께서 '불의 혀'같이 갈라지는 모습을 보이며 제자들에게 임하였습니다. 제자들은 각종 방언을 말하기 시작하였을 뿐만 아니라, 예수님에 대하여 증거 하기 시작하였는데, 주일인 이날 제자들이 모여 기도하던 오순절날 성령강림이 교회의 시작과 기원이 된 것이었습니다.

이러한 교회의 전통을 따라 오늘날의 교회는 '주일', 즉 '주님의 날'인 일요일을 주일로 지키며, 하나님께 거룩한 예배를 드리고 있는 것입니다.

하나님께서 명령하신 안식일은 본래 하나님께서 6일간 일하시고, 그 다음 날 쉬시므로 이 날을 거룩하게 하신데 기인하고 있습니다. 구약성경의 안식일은 십계명 중 제4계명으로 하나님의 명령이었습니다. 이스라엘 민족들에게 거룩하게 지키라고 명령하셨기 때문입니다.

안식일을 기억하여 거룩하게 지키라. 엿새 동안은 힘써 네 모든 일을 행할 것이나, 일곱째 날은 네 하나님 여호와의 안식일인즉 너나 네 아들이나 네 딸이나 네 남종이나 네 여종이나 네 가축이나 네 문안에 머무는 객이라도 아무 일도 하지 말라. 이는 엿새 동안에 나 여호와가 하늘과 땅과 바다와 그 가운데 모든 것을 만들고 일곱째 날에 쉬었음이라. 그러므로 나 여호와가 안식일을 복되게 하여 그 날을 거룩하게 하였느니라. (출 20:8-11)

너는 이스라엘 자손에게 말하여 이르기를 너희는 나의 안식일을 지키라. 이는 나와 너희 사이에 너희 대대의 표징이니 나는 너희를 거룩하게 하는 여호와인 줄 너희가 알게 함이라. (출 31:13)

일주일 중 6일간 일한 다음날인 일주일의 마지막 날. 안식일에는 일을 쉬며 거룩하게 보내야 했습니다. 이것은 일주일 중 6일간은 일을 하되 하루는 쉬도록 함으로써, 인간을 위하여 베푸신 하나님의 은혜였습니다. 오늘날을 보아도 인간은 일주일 중 하루를 쉬어야만 일의 능률이 오르는 것을 보아도 알 수 있습니다.

하나님께서는 6일간의 노동을 통하여 피곤한 인간의 몸이 안식일을 지킴으로 하나님을 경배하며 안식을 얻고, 거룩한 하나님의 말씀의 양식을 먹으며 평안을 누리도록 인도하셨습니다. 이것은 인간이 하나님을 생각하며, 하나님께 거룩한 예배를 드리며, 안식일을 지킴으로써 새 힘을 얻고, 하나님과 함께 하는 복을 누리게 하기 위함이었습니다.

오늘날 우리가 지키는 주일에도 이러한 안식일의 의미는 여전히 그 본래적 의미와 안식일을 지키는 정신으로 남아 있는 것입니다.

주님을 위하여 보내는 하루

★ 신약시대, 예수님께서 부활하신 후, 교회는 차츰 예수님의 부활을 기념하면서 예배로 모이고, 거룩하신 주님에 대한 찬미와 말씀을 들으며 보내는 주일을 중요시하기 시작하였습니다. '안식일을 거룩히 지키라.'는 하나님의 명령에서 더 나아가 '주님을 위하여 사는 삶'으로써의 주일을 생각하기 시작한 것입니다.

주일은 하루를 주님을 위하여 보내며, '주님만 위하여 사는 하루의 삶'을 의미합니다. 그래서 성도들은 주님의 교회를 위하여 봉사하며, 이 세상의 오락을 버리고, 주일만큼은 주님을 위하여 거룩하게 하루를 보내는 것입니다.

이제 주일 예배는 소극적으로 지켜야 하는 의미가 아니라, 적극적으로 '하나님을 섬기는 삶'의 의미가 부여되기 시작한 것입니다.

주일은 하나님께서 명령하신 '안식일을 거룩히 지키라.'는 명령을 지키는 의미에서 하나님을 찬미하며, 예배를 드리고, 하나님의 말씀인 성경을 공부하며, 그리스도인의 교제를 나누며, 주님의 이름으로 모이는 주님의 몸 된 교회를 위하여 봉사하며, 이웃을 위하여 구제의 손길을 펼치는 자원하는 마음을 가진 적극적인 의미로 다가오게 된 것이지요. 그 중에서도 역시 가장 중요한 것은 하나님의 말씀을 듣고 하나님을 경배하는 예배에 참여하는 일이라 하겠습니다.

지금까지의 설명을 곁들이면, 주일은 안식일의 연장선상에서 이해할 수 있고, 하나님께서 명령하신 거룩한 날과 동일한 날이며, 다만 그 날자가 일주일의 마지막 날에서 일주일을 시작하는 첫날로 바뀌었을 뿐이라는 사실입니다.

그래서 주일은 '주님의 날'로 예수님의 부활을 기념하는 날이며, 성도들은 이날 하나님의 거룩하신 이름과 성자 예수 그리스도의 희생과 구원을 감사하며, 그리고 그분이 다시 오실 날을 기다리며, 찬송과 기도, 성경을 읽고 묵상하여 하나님께 영광을 돌리는 일들 주님께 감사로 하루를 보내는 것입니다.

거룩한 헌신에 도전하라

2. 주일 성수의 방법

주일 성수 어떻게 할 것인가?

★ 주일은 시대적 상황과 세속화되어지는 교회의 모습이 비추어져 점점 주일 성수의 의미가 퇴색되어 가고 있음을 느낄 수 있습니다. 경제가 발달하면 할수록 거룩함의 의미가 사라지는 아픈 모습을 보게 되는 것이지요.

특히 산업화와 정보화 사회로 사람들의 인성이 차츰 메말라가다가 보니 교회의 주일을 지키는 것과 그 의미도 그다지 중요하게 인식되지 않는 듯 보입니다. 이는 교회가 가졌던 본래의 모습에서 벗어나 점점 세속화 되어 가고 있음을 보이는 것이기도 합니다.

여러분에게 지금 주일은 어떤 의미가 있습니까? 정말 예수님의 구속의 은혜를 느끼는 그런 깊은 예배의 감격을 경험하고 있습니까? 아니면 점점 교회가 더 멀리 느껴지는 것은 아닙니까?

우리나라의 경우 예수 그리스도를 믿는 사람들이 많이 늘어나 수많은 대형교회가 생겨났으며, 또한 수많은 주님의 사람들이 예배를 드리는 감격의 기쁨을 누리고 있음을 볼 수 있습니다.

이는 수많은 사람들이 하나님에 대한 신앙을 경험하고 그분이 주시는 은혜의 감격에 빠져 있다는 말이기도 합니다. 여러분은 과연 그런 예배의 감격에 빠져 본 일이 있습니까?

주일은 가능하면 말씀을 듣는 시간과 기도, 예배와 찬송, 그리고 성경을 읽는 시간으로 하루 일과를 보내는 것이 좋습니다.

'안식일을 거룩히 지키라.'는 하나님의 명령은 이 시대에도 동일하게 적용되는 것이며, 우리는 안식일의 의미를 되살려 주님을 위한 적극적인 삶을 살아가도록 노력하여야 합니다.

'안식일을 거룩히 지키라.'는 하나님의 명령은 신약성경의 바리새인의 해석처럼 주일날 아무 것도 하지 말라는 명령이 아닙니다. 예수님께서 안식일의 본을 보이셨던 것처럼, 성경을 가르치며, 이웃에 대한 자선을 실천하며, 병든 자를 고치신 것처럼, 우리 역시 주님처럼 말씀과 기도, 자선을 베풀며 살아가야 하는 것입니다. 그리고 주일 하루만큼은 주님을 위하여 사는 것입니다. 이것이 성도의 주일을 보내는 방법입니다.

요즘의 사회가 이런 그리스도인의 삶을 살지 못하도록 사실상 방해하고 있다는 말은 정확합니다. 그만큼 주일을 지키기 어렵다는 말이

지요. 대부분의 직장이 시간외 근무를 하고, 주일에도 출근해야 하며, 주일에도 반드시 일을 해야 하는 경우도 있습니다. 때에 따라서는 생계를 위하여 주일인 일요일에도 출근하지 않을 수 없는 경우도 많이 있습니다. 뿐만 아니라 반드시 주일날에만 일을 하지 않을 수 없는 직업도 있습니다. 여러분이 그리스도인이라면 이런 상황에서 어떻게 해야 하는지요? 기도하며, 주님을 섬기며, 주님만을 묵상하며 살아가고 싶은데, 사실 그렇지 못합니다. 이것이 현실입니다. 바로 그리스도인의 고민이 여기에 있는 것입니다.

인류의 시작의 초기, 아브라함과 이삭과 야곱 족장의 시대에는 하나님의 현존을 직접 볼 수 있었고, 그렇지 못하다고 하더라도, 그분의 음성을 들었으며, 현몽하여 말씀하시는 그분의 지시를 받을 수 있었습니다. 지금은 어떻습니까?

그분은 우리 믿는 자 모두에게 성령으로 임재하시며, 영으로 우리 안에 거하시며, 우리가 주님 안에 있도록 도우시고 계십니다. 주님께서는 온전히 그분의 말씀을 들으며, 그분을 순종하는 사람들을 찾고 계십니다. 우리의 신앙이 여기에 있습니다.

주님을 사랑하는 사람이라면, 주님의 교회를 섬길 것이며, 주님의 날에 주님을 위하여 헌신하며, 그분을 위하여 모든 것을 희생하며, 그분을 위하여 열정을 쏟을 것입니다. 이것이 믿음의 성도들의 모습입니다.

우리는 주일을 어떻게 보내야 하나요? 가능하면 주님의 일을 하며,

주님의 말씀을 가까이 하며, 예배에 참석하며, 찬양하는 생활로 하루를 보내는 것이 바른 신앙생활입니다. 이것이 주일을 보내는 성도들의 올바른 모습입니다.

기도는 주일 성수의 최우선 순위

🍁 주일 성수에 가장 큰 난제는 직업과 자신이 하는 일입니다. 사실 적절한 일이 없으면 생계 문제 때문에 교회에 나가서 하는 일조차 힘이 들게 됩니다. 주일을 온전히 보내려면 주일을 지킬 수 있는 직업과 직장이 있는 것이 좋습니다. 그런데 우리 성도들의 생활을 보면 그렇지 못합니다. 그래서 주님의 도우심이 필요한 것입니다.

기도하면 주님께서 분명히 들어주십니다. 이것이 성경을 통하여 하나님께서 분명히 말씀하시고 계시는 사실입니다. 기도의 응답을 받아 본 성도라거나, 신앙의 체험이 있는 성도라면, 주님께서 분명하게 기도에 응답하신다는 사실을 확증할 수 있을 것입니다. 잠언 8장 22절에는 이렇게 기록합니다.

주님을 사랑하는 자들이 주님의 사랑을 입으며, 주님을 간절히 찾고 찾는 자가 주님을 만날 것이라. (잠8:22)

그리고 또 말씀합니다. '장구한 재물과 의와 명예도 주님께 있다.' 라고 말씀합니다.

지금 환란 가운데 있다면 주님께 간구해 보십시오. 시편의 말씀처럼, '환난 날에 나를 부르라. 내가 너를 건지리니, 네가 나를 영화롭게 하리로다.'(시50:15) 라는 약속의 말씀을 분명히 들을 수 있게 될 것입니다.

주님의 날, 이 세상의 일들을 온전히 벗어나 주님과 하루 종일을 보내려면, 직업도 중요하고, 자신이 어떤 일을 하고 있느냐 하는 것도 매우 중요합니다.

세상의 출발 선상에 있는 젊은 성도들이라면, 다음과 같이 해 보십시오. 새로운 직업의 세계를 출발하시는 분들도 이렇게 하시기 바랍니다.

기도의 노트를 하나 준비하시고, 기도 제목을 중요한 순서대로 한 줄한줄 써 내려가 보시기 바랍니다. 정말 직업조차 구하지 못해 벼랑 끝에 있는 심정의 성도라면, 더더욱 기도노트를 준비하시고, 날짜를 적고, 기도제목을 하나하나 기록해 보시기 바랍니다. 그리고 기도의 제목 하나하나마다 우선순위를 정하여 중요도에 따라 순위별로 번호를 기재하여 보시기 바랍니다. 그렇게 하면 가장 중요한 기도제목이 무엇인지 알 수 있게 될 것입니다. 또한 내가 드려야 할 가장 중요한 기도제목이 무엇인지 깨닫게 될 것입니다. 기도제목을 노트에 기록해 보는 것은 이와 같이 의미가 있습니다.

정말 일생의 목적이 하나님을 위한 삶의 목적이 제1순위가 무엇인지를 기록하고 이를 집중적인 기도제목으로 정하고 기도하시기 바랍니다. 적어도 주님을 섬기는 성도라면 주일 성수는 기도의 제1제목으로 선정되는 것이 올바른 것입니다. 젊은 시절 이렇게 기도제목을 정하여 지속적으로 기도한다면, 세월이 지난 어느 날, 여러분은 기도가 응답되어 있음을 알 수 있을 것입니다. 그리고 여러분의 기도한 결과와 응답은 두고두고 여러분의 간증거리가 될 것입니다.

예배를 드리는 감격에 빠져 보라.

★ 믿음도 주님께서 주시는 선물이라는 점을 고린도전서 12장은 분명히 기록하고 있습니다. 주일을 성수하며, 온전히 지킬 수 있는 것, 이것도 주님께서 주시는 분명한 선물입니다.

믿음을 지키는 것도 주님의 함께하심과 도우심이 필요합니다. 온전히 주일을 지키는 것도 주님의 도우심이 아니고는 불가능한 것입니다. 주일을 지키기 위하여 주님께 기도해 보십시오. 여러분의 믿음을 위한 기도를 주님께서는 분명히 들어주실 것입니다. 주님을 사모하는 만큼 주님께서 가까이 해 주시고, 여러분을 믿음으로 인도하여 주실 것입니다.

주일을 온전히 지키려면 어떻게 주일을 보내는 것이 좋을까요? 그것은 먼저 설명한대로 주님의 말씀을 읽고, 묵상하며, 그분의 도우심을 바라며, 오로지 그분만을 생각하며 하루하루를 보내는 것입니다.

주님을 예배하는 감격에 빠지면 빠질수록 주님의 도우심이 그리워지고, 기다려지며, 그분의 함께 하심의 손길을 구하게 됩니다. 그분을 생각하며 경배하는 마음으로 사는 것이 그냥 즐거워집니다. 이것이 믿음의 기쁨이며, 성도의 생활의 기쁨입니다.

이 예배의 단계까지 오르기 위해서는 오랫동안 기도가 쌓여야 하고, 그분의 함께 하심이 지속되어야 합니다. 기도를 하면 할수록 기도가 더 뜨거워지며, 믿음을 더욱 세워갈 수 있게 되는 단계가 되는 것입니다. 예배의 감격에 빠져 보시기 바랍니다. 그리하면 온전히 주일을 성수할 수 있는 방법을 깨닫게 될 것입니다.

특히 집을 떠나 혼자 생활하는 성도들의 경우, 많은 고독을 느끼게 됩니다. 고독은 어느 철학자가 이르기를 죽음에 이르는 병이라고 하였습니다. 이 고독의 시간은 예배를 드리는 감격에 빠지면, 성경을 읽고 기도하는 즐거움으로 고독을 이겨나갈 수 있습니다. 왜냐하면 주님께서 함께 하시고 계심을 분명하게 느낄 수 있기 때문입니다.

젊은 시절을 기도의 시간으로 보내는 사람이 사실 그리 많지 않습니다. 주님을 사랑하며 주님을 섬기는 사람을 주님께서 기뻐하신다는 사실을 명확하게 기억하게 되면, 주님을 섬기는 생활에 더욱 가까이 나아갈 수밖에 없습니다.

온전한 예배를 드리기 위해서라면, 예배를 드리는 기쁨과 예배의 감격에 빠질 수 있어야만 합니다. 주님과 함께 하는 그 벅찬 기쁨을 가슴으로 느껴 보시기 바랍니다. 장엄한 성도들의 찬송 소리와 천군

천사의 노래 소리, 그 웅장하고도 위엄이 넘치는 합창을 귀 기울여 들어보시기 바랍니다. 그곳에 우리도 함께 서 있다는 사실을 몸소 체험해 보면 예배를 드리는 깊은 감격에 빠질 수 있을 것입니다.

예배를 드리는 기쁨은 천국에서도 이와 같은 예배를 드리는 것이고, 그 수많은 군중 가운데 내가 있다는 사실을 느끼는 것입니다. 아마 그 모습 속에 여러분이 있다면, 벅찬 가슴으로 예배의 기쁨과 감격을 누리게 될 것입니다. 이 예배는 죄인 된 나를 위하여 예수 그리스도께서 십자가에서 대속의 죽으심을 죽으셨다는 사실을 나 자신이 확증하게 되는 기쁨입니다.

요한계시록에 나오는 수많은 천군과 천사의 나팔 소리, 수많은 성도들이 흰옷을 입고 모여 어린 양의 대속의 죽으심을 노래하는 그 장면에서, 그곳에서 수많은 성도들과 함께 예배를 드리는 모습을 보는 일은 언제나 기쁨이요 감격입니다.

주일을 예배를 드리며 보내는 것은 성도들이 장차 드릴 천국의 예배를 미리 경험하는 것이며, 하나님께 예배드리는 감격의 기쁨을 누리며 사는 것입니다.

3. 주일 성수에 대한 보상

주님을 예배하며 사는 삶의 축복

★ 십자가에 달리신 예수님께서는 우리를 위하여 자신의 몸을 내어 주시고, 물과 피를 흘리심으로, 우리가 구속의 기쁨, 곧 죄 사함의 기쁨을 누릴 수 있도록 허락하셨습니다.

이제 예수님을 알고 난 이후, 예수님을 믿는 우리의 생활은 '하나님을 위한 삶의 목적'으로 오로지 주님을 예배하는 삶을 살게 됩니다.

주님께서는 우리를 위하여 그분의 모든 것을 허락하셨고, 목숨까지도 희생하셨습니다. 그런 주님을 우리는 하나님의 말씀인 성경을 통하여 알게 되고, 또한 각종 예배 때의 목회자의 설교를 통하여 깨닫게 됩니다. 이제는 그분을 위하여 우리의 일생을 살며, 그분만을 위하여 우리의 모든 것을 기쁘게 사용하게 되는 것입니다.

주일 하루, 온전히 주님께 예배를 드리는 생활은 이제보다 적극적인 의미로 주님의 말씀을 실천하며, 장기적으로는 내가 사용하는 조그마한 시간까지도 주님을 위하여 사용하는 시간으로 변화되기 시작함을 의미합니다.

신약성경은 거의 대부분이, 예수 그리스도를 따르는 제자들의 삶의 방식과 주님의 교훈, 예수님의 지상에서의 사역, 그리고 그 제자들이 예수님을 따라갔던 삶의 모습을 보여줍니다. 우리 그리스도인들에게는 이것이 삶의 표준이 됩니다.

우리는 하나님을 경외하고, 하나님을 섬기는 삶의 구체적인 방법, 그리고 헌신의 결과 등에 대하여 구약성경의 믿음의 선지자들이 살아간 삶을 교훈삼아, 삶의 표준을 설정하게 되는 것입니다.

주일을 지키는 것은 하나님을 경외하고, 하나님을 섬기는 구체적인 방법과 그리스도인의 삶의 지향점이 됩니다. 그리스도인은 주일을 지킴으로 하나님에 대하여 인간의 본분인 예배를 드리며, 우리의 일생을 주님께 맡기게 되는 것입니다.

주일을 지키는 생활을 지속하게 되므로 얻는 가장 큰 기쁨은 우리가 하나님께 예배를 드리는 기쁨을 얻는다는 것이며, 또한 하나님이 어떤 분이신지 알게 된다는 것입니다.

너는 이스라엘 자손에게 말하여 이르기를 너희는 나의 안식일을 지키라. 이는 나와 너희 사이에 너희 대대의 표징이니, 나는 너희를 거룩하게 하는 여호와인 줄 너희가 알게 함이라. (출 31:13)

주일을 지킴으로 주님을 사모하는 생활을 지속할 수 있다는 것, 그리고 하나님이 어떤 분이신지 알 수 있다는 것, 이것은 성도가 주일 예배에서 얻게 되는 가장 큰 기쁨 중의 기쁨인 것입니다.

우리들이 하는 일들이 잘되게 하심

🍁 주일을 온전히 지킨다는 것은 두 가지 의미로 요약이 됩니다. 그 중 하나는 주일을 항상 빠지지 않고, 예배에 참석한다는 것, 또 하나는 주일을 하나님 중심으로 온전히 보낸다는 것, 즉 주일 하루를 예배와 찬송, 말씀과 기도, 자선 등을 행하며, 주님의 뜻을 실천하며, 온전히 주님을 중심으로 하루를 보낸다는 것, 이 두 가지 의미로 나누어 설명할 수 있습니다. 어떤 형태로든 이 두 가지 의미를 온전히 실천하였을 때, 주일을 온전히 지킨다는 말을 사용할 수 있을 것입니다.

그렇다면 주일을 온전히 지키는 생활을 계속하였을 때, 주님께서는 우리에게 과연 어떤 보상을 해 주실까요?

물론 우리가 하나님을 섬기며 온전히 주일을 지킴으로써, 하나님께 보상을 바라면서 주일을 지키는 것은 아닐 것입니다. 그러나 주님을 사랑하는 사람들에 대한 하나님의 약속의 말씀을 살펴보는 것은 앞으로도 우리의 신앙생활에 큰 도움이 될 것입니다.

안식일에 대한 이사야 선지자의 하나님으로부터의 대언이 우리가 주일을 어떻게 보내야 하는지, 그리고 하나님께서 주일을 지킬 때

주시는 복이 무엇인지를 알게 해 줍니다.

만일 안식일에 네 발을 금하여 내 성일에 오락을 행하지 아니하고 안식일을 일컬어 즐거운 날이라, 여호와의 성일을 존귀한 날이라 하여 이를 존귀하게 여기고 네 길로 행하지 아니하며 네 오락을 구하지 아니하며 사사로운 말을 하지 아니하면, 네가 여호와 안에서 즐거움을 얻을 것이라 내가 너를 땅의 높은 곳에 올리고, 네 조상 야곱의 기업으로 기르리라 여호와의 입의 말씀이니라. (사 58:13-14)

우리가 알 수 있는 분명한 사실은 주님께서는 주님을 사랑하는 자들로 하여금 주님의 사랑을 입게 할 것이며, 주님을 사랑하는 이들로 주님의 나라에 들어갈 수 있게 할 것이라는 약속입니다.

우리 성도들에게 가장 큰 보상 역시 우리가 주님을 믿을 때, 우리가 천국에 들어갈 수 있게 된다는 것이며, 주님께서 우리와 함께 하심으로 우리의 모든 일들이 평안으로 누릴 수 있게 된다는 것입니다. 혹자는 '만사형통'이라는 말로 주님께서 주실 복을 노래합니다.

주의 법을 사랑하는 자에게는 큰 평안이 있으니 그들에게 장애물이 없으리이다. (시 119:165)

그렇지만 성도들에게도 언제나 주님께서 허락하신 고난과 시련이 찾아올 수 있으므로, 우리가 주님을 믿고 의지함으로 그 시련과 고난을 극복할 수 있게 되는 것이 축복이라는 말이 맞을 것입니다.

결국 주님께서는 우리에게 이 시련과 고난을 극복하게 하심으로 우리의 장래가 평탄해지고, 우리의 생활이 즐거움과 기쁨으로 넘치게 하실 것입니다.

성도들이 주일을 온전히 지킴으로써 얻게 되는 복은 바로 이런 기쁨이 넘치며, 하나님께서 주시는 평안이 넘치는 것입니다. 이것이 바로 주일을 지키므로 얻게 되는 성도들의 축복입니다.

하나님의 나라에 들어가게 되는 복

★ 예수님께서는 인간의 궁극적인 삶의 행복이 이 세상에서 주님 때문에 핍박당하는 삶 때문에 얻게 되는 하나님의 나라에서 받는 그 보상이라고 설명하고 있습니다. 그리고 이 세상에서 주님의 이름 때문에 당하는 핍박은 천국에서 우리 주 예수 그리스도, 즉 주님께서 그 눈물을 씻겨 주심으로 보상을 받을 것이라고 약속하셨습니다.

우리는 거룩하신 주님을 믿으며, 그분을 섬기며 살아갑니다. 그분의 교훈은 우리의 삶의 좌우명이 되며, 이 세상을 살아가는 삶의 목적과 지평과 좌표가 됩니다.

주일을 성수한다는 것, 그것은 주님께 드리는 예배를 즐거워하고, 그분의 말씀을 기뻐하며, 오로지 주님의 뜻대로 사는 것을 의미합니다. 이것이 주님을 섬기는 일이며, 주님께는 영광이 되는 일입니다.

주님께서는 주님을 사랑하는 사람들을 절대로 버리지 않습니다. 그분은 그분을 따르는 제자들에게 주님의 이름 때문에 고난당하는 일들에 대하여 분명히 보상하실 것임을 약속하시고 계십니다.

또 너희가 내 이름으로 말미암아 모든 사람에게 미움을 받을 것이나 끝까지 견디는 자는 구원을 얻으리라 (마 10:22)

나로 말미암아 너희를 욕하고 박해하고 거짓으로 너희를 거슬러 모든 악한 말을 할 때에는 너희에게 복이 있나니, 기뻐하고 즐거워하라 하늘에서 너희의 상이 큼이라 너희 전에 있던 선지자들도 이같이 박해하였느니라. (마 5:11-12)

성경이 끊임없이 말씀하는 것처럼, 우리가 사는 이 땅에서 우리가 설령 다른 사람보다 더 복을 누리지 못한다 하더라도, 주님께서는 그분의 나라에 우리를 부르시고, 영원히 우리와 함께 계심으로 그 보상을 해 주실 것임을 분명히 약속하시고 계시다는 것입니다.

우리 그리스도인들의 축복은 궁극적으로 우리의 몸과 영혼이 하나님의 나라에 들어가는 것입니다. 우리가 구약시대의 안식일인 오늘날의 주일을 지키므로 얻게 되는 복이 바로 이러한 축복입니다. 주님께서는 주일을 지키는 이들에게 주님의 나라에 들어가게 되는 그 평안을 약속하시고 계십니다.

우리의 영혼이 마지막 날에 주님을 만나 주님과 결산을 하게 될 때, 주님을 사모하며, 주님 다시 오시기를 기다리는 이들에게, 주님께서는 분명하게 이 약속으로 우리에게 보상하실 것입니다. 우리는 그것을 믿으며 사는 것입니다.

제5장

온전한 십일조 생활

만군의 여호와가 이르노라 너희의 온전한 십일조
를 창고에 들여 나의 집에 양식이 있게 하고 그것
으로 나를 시험하여 내가 하늘 문을 열고 너희
에게 복을 쌓을 곳이 없도록 붓지 아니하나 보라.
(말 3:10)

1. 헌금의 의미

헌금은 자원하여 드리는 것

🍁 헌금에 대하여 설명할 때는 언제나 예배에 대하여 먼저 이야기 하게 됩니다. 왜냐하면 헌금을 드리는 행위는 예배 순서에서 믿음에 응답하는 구체적인 행위로 나타나는 것이기 때문입니다.

구약성경에서 보면 드리는 사람들의 마음에는 먼저 자원하는 마음 이 선행되어야만 하나님께서 예배를 받으신다고 하셨습니다. 부담이 있어도 안 되고, 오직 하나님을 섬기고 자원하는 마음으로 하나님께 헌금을 드려야만 했습니다. 그리고 이렇게 자원하는 마음으로 드리 는 제물을 하나님께서는 기뻐 받으셨습니다.

오늘의 헌금은 구약시대 왜 하나님께 드리던 제사의 제물과 같은 것입니다. 신약시대에는 구약시대의 송아지와 염소, 양을 잡아서 드리 던 제사 대신 예배를 드리게 되었습니다. 예수님께서 십자가에 달려 돌아가심으로 단 한 번에 영원하신 속죄 제물로 드리셨기 때문에 더 이상 양과 염소를 잡아 예배를 드리는 의식적 행위는 더 이상 필요치 않게 되었습니다. 하나님께서는 영이시기 때문에 예배하는 사람들은 예수님께서 말씀하신 것처럼 영과 진리로 진정으로 예배를 드릴 수 있게 되었기 때문입니다.

초기교회는 예수님의 부활하심을 기념하여 매주 첫날에 예배를 드리기 시작하였습니다. 이때 각자가 일주일 동안 준비하였던 것을 예물로 드렸던 것처럼 오늘날 그 전통을 따라 예배의 시간에 헌금시간을 드리는 것입니다.

우리의 예배가 하나님께 드려지기 위해서는 우리가 드리는 예배와 헌금 속에 우리의 정성이 반드시 함께 하여야만 하는 것입니다. 가인과 아벨이 제사를 드릴 때 하나님께서 아벨의 제사를 받으셨던 것처럼, 우리의 예배와 정성이 함께 해야만 하는 것입니다.

성경은 구체적으로 아벨의 제사만 받으신 이유를 기록하지는 않지만, 하나님께서는 정성이 담긴 아벨의 제사를 받으셨고, 가인의 예배를 받지 않으셨습니다. 결국 가인은 질투심으로 아벨를 죽임으로써 최초의 살인자가 되고 말았으니, 정성이 가득한 올바른 예배를 드리는 것은 그 무엇보다 중요한 것입니다. 예배가 올바로 드려지지 못하게 되면, 하나님을 바라보는 것이 아니라 오히려 이웃을 바라보며 질투심이 발하게 되어 자신뿐만 아니라 이웃까지 죽음에 이르게 하고 마는 것입니다.

헌금은 우리의 정성을 드리는 것

🍁 신약성경은 거짓으로 헌금을 드리다가 비극을 맞은 아나니아와 삽비라의 슬픈 이야기를 기록하고 있습니다. 베드로 앞에 헌금을 드리면서 성령님을 속이다가 부부 둘 다 죽음을 맞고 말았다는 슬픈 이야기입니다. 밭을 판 돈 모두를 하나님께 드리기로 작정하였지만, 재물의 유혹에 빠져 밭을 판 후 그 돈의 일부를 감추고 일부만 드리고 성령님을 속임으로 부부 모두 죽음에 이르고 만 것입니다.

먼저 아나니아가 베드로 앞에서 거짓말을 했다가 죽음을 맞은 후, 아내인 삽비라 역시 영문도 모르고 베드로 앞에 와서 똑 같이 성령님을 속임으로 부부 모두 죽음에 이르고 말았습니다.

성경의 기록은 분명하게 우리가 하나님께 거룩하게 구별하여 드리는 헌물과 헌금을 받으신다고 말씀하셨고, 실제로 하나님께서 우리의 헌물을 기뻐 받으신다는 사실을 보여주고 있습니다.

예수님께서도 한 과부가 아주 작지만, 그 생활비 전부를 드린 헌금의 내용을 아시고 제자들에게 말씀하셨습니다. 그렇지만 예수님께서는 성전 안에서 하나님께 드릴 예물을 사고파는 사람들을 쫓아내시며, 성전이 하나님께 예배드리는 집이지, 물건을 사고파는 곳이 아님을 말씀하셨습니다. 이와 같이 헌금에는 예배드리는 이의 정성이 깃들어야 하는 것이며, 하나님을 섬기는 마음이 선행되어야 하는 것입니다.

구약성경의 마지막 선지자의 기록인 말라기서는 성도들이 하나님의 십일조로 도둑질을 하지 말라고 날선 말로 경고하고 있습니다. 반면에 십일조를 드린 결과는 하나님께서 하늘의 창고를 열어 축복하시므로 십일조를 드리는 이들에게 축복을 베풀 것임을 분명하게 약속하고 있습니다.

만군의 여호와가 이르노라 너희의 온전한 십일조를 창고에 들여 나의 집에 양식이 있게 하고 그것으로 나를 시험하여 내가 하늘 문을 열고 너희에게 복을 쌓을 곳이 없도록 붓지 아니하나 보라.(말 3:10)

초기 교회에 어려움이 닥칠 때에 이웃 교회가 전 성도들의 정성으로 헌금을 모아 어려움을 극복하도록 도왔으며, 성경은 매주 첫날 드리는 예배에 성도들이 빈손을 들고 오지 않도록 권면하고 있습니다. 헌금은 성경적인 근거와 초기 교회의 예배의 전통에서 그 기원이 정당한 것임을 알 수 있는 것입니다.

헌금은 재물에 대한 유혹을 이겨내는 것

★ 헌금의 의미는 바로 하나님의 것과 세상의 것을 구별하는데 있습니다. 이는 하나님의 것을 구별하여 하나님께 드림으로써 이 세상의 재물과 소유를 취하고자 하는 마음을 버리고 오로지 주님만 바라

보는 것입니다. 즉 하나님께 드릴 것을 드림으로 하나님을 섬기는 것을 의미합니다.

재물은 곧 돈이며, 이 돈은 우리의 의식주를 해결하여 줍니다. 주님께서 마귀에 받으신 시험 가운데서도 의식주 문제가 끼어 있었습니다. 우리는 돈을 빵을 사고, 그날 일용할 세상의 양식을 얻습니다. 예수님께서 사십 일간 금식하고 주리셨을 때, 마귀는 돌들로 떡덩이가 되게 하라고 유혹합니다. 그러나 예수님께서는 성경에 기록된 하나님의 말씀으로 이를 물리칩니다.

예수께서 대답하여 이르시되 기록되었으되 사람이 떡으로만 살 것이 아니요 하나님의 입으로부터 나오는 모든 말씀으로 살 것이라 하였느니라 하시니 (마 4:4)

우리는 이 세상의 양식으로 육신을 보전하지만, 우리의 영은 오직 하나님의 말씀으로 살아갑니다. 우리는 주님을 사랑하는 마음으로 우리의 귀중한 물질을 정성으로 하나님께 드리게 됩니다. 그것은 우리가 하나님을 경외하는 그리스도인이기 때문입니다.

주님의 교회는 우리가 드리는 이 헌금으로 예배 준비도 하고, 전도도 하고, 주님의 말씀의 양식을 먹도록 성도를 양육하는 목회자의 생활비를 부담하기도 합니다. 우리는 목회자들이 거룩한 하나님의 종임을 알기 때문에, 목회자들이 양식을 걱정하지 않도록 우리의 자원하는 물질을 주님의 몸 된 교회를 위해 바치는 것입니다. 이것이 구약성경이나 신약성경에서 보여주는 헌금에 대한 정신입니다.

여러분! 가룟 유다를 보십시오. 은 삼십에 예수님을 팔지 않았습니까? 그는 예수님과 제자들의 돈 주머니를 관리하던 사람이었습니다. 그럼에도 결국 그는 재물의 유혹을 이기지 못하고 은 삼십에 예수님을 팔고 말았습니다. 결국 그는 배가 터져 죽고 말았죠. 아무도 그를 받아주는 곳은 없었습니다. 오직 지옥만이 그를 부를 뿐이었습니다.
앞에서 본 아나니아와 삽비라도 밭을 팔아 사도들의 발 앞에 두면서 얼마를 감추었죠. 결국 재물에 대한 유혹을 이기지 못하고 죽음에 이르고 말았습니다. 재물에 대한 유혹을 이기지 못하게 되면, 재물 때문에 마귀의 올무에 빠지고 마는 것입니다.

헌금은 재물에 대한 유혹을 이기고 하나님께 우리의 정성을 모아 드리는 것입니다. 그래서 교회에서 헌금을 사용하는 재정위원들도 절대로 헌금을 허튼 곳에 사용하거나 사리사욕을 위해서 사용해서는 안 되는 것입니다. 헌금에 대하여는 하나님의 엄정한 징계가 따르고 있음을 성경은 사도들의 기록을 통해서 보여주기 때문입니다.
헌금은 하나님의 것을 하나님의 것으로 구별하여 드리는 것입니다. 그러나 나 자신도 마찬가지이겠지만, 대부분의 성도들이 마귀의 유혹을 이겨내지 못합니다. 성도가 하나님께 헌금을 드릴 때는 이것이 하나님의 것임을 인식해야만 합니다. 그렇지 않으면 재물에 대한 유혹으로 마음이 어두워지고, 헌금을 드림에 있어 다른 생각으로 마음이 흐트러지게 됩니다.

　헌금은 하나님의 것을 하나님께 드리는 것일 뿐이며, 우리는 드리는 헌금에 온 마음과 정성을 쏟아 넣으며 하나님께로부터 하나님을 섬김에 대한 칭찬을 받게 되는 것입니다. 만약 이 세상에서 우리가 다 보상을 받지 못하였다면, 아마 천국의 하늘 곳간에 영원한 보상으로 남아 있게 될 것입니다. 이것이 우리 성도가 헌금을 드리며, 하나님을 신뢰하는 믿음의 이유인 것입니다.

2. 십일조란 무엇인가?

하나님께 드리는 십일조

★ 오늘날 교회가 드리는 헌금은 성경적 근거가 있는 것일까요? 그 헌금의 기원 또한 정당한 것일까요?

구약시대의 하나님께 드려진 헌물과 십일조는 성전 운영과 제사장 가족의 생활에 사용되었습니다. 이때는 제정일치 사회였으니 하나님께 드리는 제사제도와 정치가 분리되지 않은 사회적 상황에 따라 국가를 위하여 사용되었다고 할 수 있습니다. 그러나 이는 어디까지나 하나님의 명령에 의한 것이었으며 그분이 말씀하신 규례를 따라 이루어진 것이었습니다. 이는 근본적으로 신정국가에서 출발하였던 하나님께 들고 나아가는 예물이었던 것입니다. 물론 이때는 아직 국가의 체계는 갖추지 않았을 터이니, 족장체제라고 말할 수도 있을 것입니다.

사울이 왕으로 세워지기 이전까지 마지막 사사 사무엘이 하나님의 제사장으로서의 역할을 다할 때까지도 하나님께서 다스리시는 하나님의 신정일치 국가라고 할 수 있을 것입니다. 그러나 이때 성전에 드려졌던 예물은 어디까지나 사람에게 바쳐진 것이 아니고, 오로지 하나님께만 드려졌습니다. 이것이 제정일치 사회였던 부족 국가에 드리는 세금과 헌금과는 분명한 차이가 있는 것입니다.

우리가 드리는 십일조의 궁극적 기원은 아브라함의 십일조에서부터 시작한다고 할 수 있습니다. 그 이후 모세의 출애굽 상황에서 하나님의 성전을 섬기는 출애굽기와 레위기, 신명기에서 하나님의 명령을 따라 드리던 예물에서 그 근거를 찾아볼 수 있습니다.

처음 교회에 나오는 사람들에겐 헌금을 드리는 시간이 상당히 부담이 될 수 있습니다. 안 그래도 빠듯한 살림과 없는 주머니 사정 때문에 교회에 나왔거늘, 헌금시간에 헌금함이 내 앞에 돌아올 때마다 '이걸 꼭 해야 되는 거야?'하고 자연스럽게 질문이 쏟아져 나옵니다. 그리고 마음의 부담으로 교회엘 잘 나오지 않으려고 합니다. 헌금 때문이란 말은 하지 않지만, 교회에 가면 다른 사람의 눈도 있고 하기 때문에 꼭 헌금을 하고 싶은데 헌금을 할 수 없으니 부담이 됩니다.

우리의 어린 시절에는 헌금은 더 큰 문제였습니다. 집에는 쓸 돈이 별로 없었고, 먹을 것조차 넉넉하지 않았기 때문에 교회의 헌금은 항상 부담이었습니다. 그럼에도 교회에 갈 때는 항상 부모님께서 헌금을 손에 쥐어 주셨습니다. 그러나 지금은 다릅니다. 못 먹어서가 아니라, 지출에 대한 우선 배분 순위의 문제가 중요한 이슈로 떠올랐기 때문입니다.

헌금에 대한 이런 부담감 문제를 먼저 인식하는 것은 성도들이 헌금을 드릴 때 헌금에 대한 부담감을 느끼지 않도록 노력해야 한다는 말입니다. 헌금에 대한 부담은 누구나가 느낄 수 있는 문제이기 때문입니다. 그리고 오랜 신앙생활을 해온 성도도 가끔은 십일조가 부담이 되어 십일조를 드리는 일을 머뭇거리게 되는 재물의 유혹에 시달리기 때문입니다.

헌금은 예배에 참여할 때 우리 자신이 하나님께 정성으로 드리는 것입니다. 이는 성도들이 헌금을 드릴 때, 반드시 가져야하는 정신이기도 합니다.

십일조를 반드시 드려야 하는 이유

★ 성경은 분명하게 십일조는 하나님의 것이며, 반드시 하나님께 드릴 것임을 명확하게 하고 있습니다. 구약성경의 최초의 십일조의 기록은 아브라함이 전쟁에서 승리 후에 거룩한 대제사장 멜기세덱에게 십일조를 드렸다는 사실에서 그 기원을 찾아 볼 수 있습니다.

야곱은 하나님과의 만남의 자리에서 자신의 길을 하나님께서 인도하시면 십일조를 드릴 것이라고 서원을 합니다. 구약성경의 제사제도에서도 십일조는 하나님께 드려졌으며, 이 십일조는 제사장의 생계의 중요한 근원이 되었습니다. 뿐만 아니라 말라기 선지자는 앞에서도 살펴보았지만, 십일조는 하나님의 것임을 분명하게 선포하며, 성도들이 십입조 생활을 지킬 것을 강조합니다.

오늘날 카톨릭은 십일조를 드리지 않고 있으나, 개신교는 십일조 생활을 매우 중요시 여깁니다. 이는 두 가지 이유가 있습니다.

하나는 그리스도인의 경건한 생활적 측면에서 십일조 생활을 강조하는 것입니다. 예수 그리스도에 대한 헌신과 다짐의 생활을 실천하기 위하여 하나님의 명령인 십일조 생활을 지키도록 강조한다고 하는 점입니다.

또 다른 한 가지는 개신교 교회는 자력적인 생활기반을 기초로 운영되는 것이기 때문에 성도의 헌금이 교회를 유지하는 중요한 재원이 되므로 십일조를 강조한다는 점입니다.

어떤 형태로 십일조가 강조되든 십일조는 성경적인 기원과 그 근거가 있는 것입니다. 성도는 십일조를 드리는 것이 드리지 않는 것보다는 교회의 생활과 믿음의 성장, 그리고 하나님의 은혜를 경험하는데 훨씬 유익하다는 점을 알아야 합니다. 그 이유는 몇 가지 합당한 이유를 가지고 있습니다.

첫째, 십일조에 대하여 신약성경의 경우 구체적으로 기록하지는 않지만, 성도는 성부 하나님과 예수 그리스도를 믿는 그리스도인이므로 구약성경이 십일조에 대하여 명령하고 있는 만큼, 십일조 생활을 지키는 것은 당연하다는 사실입니다. 왜냐하면 구약성경도 성경이기 때문입니다.

사도들은 십일조를 드려야 하는 이유를 별도로 기록하고 있지 않지만, 이미 구약성경에서 명령을 하고 있는 내용이므로 제자들이 별도로 더 이상 언급할 필요가 없었습니다.

예수님께서도 율법의 완성이 사랑이라고 말씀하셨고, 과부의 두 렙돈을 드리던 작은 헌금을 보시고, 그 헌금을 칭찬하셨습니다. 또한 십일조를 반드시 드리라는 직접적인 명령과 교훈을 말씀하시지 않았으나, 십일조를 부정하신 말씀이나 하지 말라는 말씀을 하지 않았습니다. 오히려 하나님의 것은 하나님께로, 가이사의 것은 가이사에게 주라는 교훈으로 하나님의 것은 하나님의 것으로 드리라는 말씀으로 교훈하셨습니다.

십일조는 충분히 성경적 근거를 갖고 있고, 성경말씀으로 보아 성도가 지켜야 할 의무인 것입니다. 성도는 이 십일조를 드릴 때 오로지 하나님 한분만을 바라며 드려야한다는 헌금의 근본적인 정신을 잃어버리지는 않아야 하는 것입니다.

둘째, 십일조는 축복의 통로이기 때문입니다.

구약성경은 십일조를 드린 이에게는 하나님께서 복을 주신 것임을 약속하고 있습니다.

우리는 하나님의 말씀을 믿으며, 또한 그 약속을 믿으며 살아갑니다. 십일조를 드렸던 믿음의 사업가들의 성공 사례는 미국의 철강 왕 카네기, 백화점 왕 워너 메이커와 같은 큰 사업가뿐만 아니라, 수많은 믿음의 선배들이 체험으로 증거하고 있기 때문입니다.

셋째, 십일조를 드리면, 드리는 성도의 경우 그 마음이 하나님께 더 나아가고 있음을 깨달을 수 있게 하기 때문입니다. 이것은 앞의 두 가지 보다도 더 가장 중요한 이유이기도 합니다. 십일조를 드리는 자의 마음은 하나님께 있고, 하나님을 사랑 하지 않는다면, 그렇게 귀중한 헌금을 하나님께 드릴 수 없기 때문입니다.

십일조는 우리를 하나님께 더 가까이 나아가게 합니다. 십일조를 드리는 가장 큰 이유는 우리의 신앙이 하나님을 향해 있기 때문입니다.

십일조는 신앙생활의 척도

✿ 십일조 생활을 한다는 사실은 이제 어느 정도 신앙의 깊이에 들어와 있는 성도일 것입니다.

에스겔은 환상속에서 예루살렘 성전에서 물이 흘러나와 발목에 차다가, 무릎에 차고, 차츰 허리에 차다가 가슴까지 차서, 이제는 헤엄을 차지 않고는 그 물을 건너갈 수가 없게 됨을 보았습니다.

우리의 신앙도 마찬가지입니다. 처음 신앙생활을 시작할 때에는 그냥 교회에 발을 담그기만 하였지만, 신앙이 조금씩 자라나기 시작하고, 교회에 출석하는 생활이 지속되면, 우리가 주님의 몸 된 교회와 더불어 살아가고 있음을 깨닫게 됩니다. 교회의 예배생활이 나의 생활의 일부가 되어 있음을 알 수 있게 되는 것입니다.

이제는 주님을 떠나서는 살 수 없을 만큼 주님과 가까워지고 주님께 예배를 드리는 생활이 지속되며, 하나님께 예배를 드리는 감격으로 살아가게 되는 것입니다.

처음 교회에 출석한 사람이라면, 십일조를 드리는 성도들의 삶을 이해하지 못할 수 있습니다. 그러나 십일조를 드리는 성도들은 오랫동안 신앙생활을 해 온 분들이며, 십일조 생활이 얼마나 중요한지를 알고 있는 분들입니다. 십일조를 드렸을 때의 기쁨을 체험해 본 성도들이기 때문입니다.

십일조를 드리지 않으면, 예기치 않은 사건과 지출로 더 큰 손해를 입을 수 있고, 십일조 헌금을 제대로 드리지 않을 때, 재물에 대한 유혹에 빠지게 되는 두려움을 겪을 수도 있습니다. 십일조 생활을 오랫동안 해본 성도들은 십일조를 드리지 않았을 때의 이런 경험을 이야기하는 것을 볼 수 있습니다.

십일조는 성도의 신앙의 깊이를 나타내는 척도입니다. 주님께서는

'네 보물이 있는 곳에 네 마음도 있느니라.'(마6:21)라고 하시며, 우리의 가장 소중한 것이 있는 곳에 우리의 마음이 있다는 사실을 말씀하셨습니다. 즉 성도의 소득의 십일조는 사업장에서 땀 흘려 일한 것이기에, 이 피땀이 어린 노동의 대가인 십분의 일을 하나님께 드리는 것은 보통 정성이 아니고는 어려운 일입니다.

생활이 어려운 성도가 적은 수입에도 불구하고 십분의 일을 하나님께 드리는 것을 보면 목회자의 마음은 가슴이 찢어지는 듯 아프고, 그 믿음에 깊은 감동을 받게 될 수밖에 없습니다.

십일조는 이런 피와 땀을 흘린 노동의 대가인 소득의 십분의 일을 하나님께 감사함으로 기꺼이 드리는 것입니다. 피와 땀방울이 있는 우리의 땀방울이 있는 노동의 대가인 소득의 십분의 일이기 때문에 하나님께서 기쁘시게 받으시는 것입니다.

주님께서는 '가이사의 것은 가이사에게, 하나님의 것은 하나님께 바치라'(눅20:25)는 말씀으로 우리의 돈을 세상의 것과 구별할 것을 말씀하셨습니다.

십일조가 하나님의 것이라고 말씀하신 하나님의 명령이 기록된 성경의 말씀을 기억한다면, 우리가 어찌 하나님의 소유인 우리의 소득의 십일조를 하나님께 드리지 않을 수 있겠습니까? 성경말씀은 우리에게 십일조를 드릴 것을 분명하게 명령하고 있는 것입니다.

우리의 몸과 마음이 주님께 있다면, 우리의 정성 또한 주님께 있기 마련일 것입니다. 주님을 생각하는 시간, 주님을 생각하며 드리는 물질, 그리고 주님께 드리는 십일조가 점점 더 늘어나게 될 것입니다.

우리의 신앙생활의 깊이는 주님을 얼마나 더 소중하게 생각하는가에 달려 있습니다. 우리의 믿음은 그 결실로써 우리의 땀방울이 담긴 소득의 소중한 십분의 일을 주님께 들고 나아가는 것입니다.

십일조 헌금을 드리는 생활이 지속되는 사람은 어느 정도 신앙의 깊이에 들어와 있는 성도라고 할 수 있을 것이며, 영적인 생활을 건강하게 유지하고 있는 성도라고 할 수 있을 것입니다. 즉 십일조 생활은 우리의 신앙생활의 현재 상태를 정확히 보여주는 척도가 된다고 할 수 있는 것입니다.

3. 십일조 생활의 유익성

십일조는 축복의 통로

🍁 하나님을 사랑하는 사람들에게 주어지는 것은 축복입니다. 교회가 너무 기복주의 신앙에 빠지고 만다는 경고도 있기는 하지만, 우리는 분명하게 주님의 몸 된 교회의 예배에 참여하면서 주님께서 주시는 평안과 복, 그리고 하늘나라에 대한 기쁨을 기대하며 살아가는 것입니다. 이는 아브라함과 이삭, 야곱에 걸쳐 분명하게 말씀하시는 하나님의 음성이며, 예레미야 선지자를 통해서도 분명하게 말씀하시고 계시는 하나님의 약속인 것입니다.

여호와의 말씀이니라. 너희를 향한 나의 생각을 내가 아나니 평안이요 재앙이 아니니라. 너희에게 미래와 희망을 주는 것이니라. 너희가 내게 부르짖으며, 내게 와서 기도하면 내가 너희들의 기도를 들을 것이요. 너희가 온 마음으로 나를 구하면 나를 찾을 것이요 나를 만나리라. 이것은 여호와의 말씀이니라. 나는 너희들을 만날 것이며, 너희를 포로 된 중에서 다시 돌아오게 하되, 내가 쫓아 보내었던 나라들과 모든 곳에서 모아 사로잡혀 떠났던 그 곳으로 돌아오게 하리라. 이것은 여호와의 말씀이니라. (렘 29:11-14)

성경은 분명하게 하나님을 섬기는 사람들이 분명하게 복을 받을 것이며, 가난하게 하지 않게 하신다는 사실을 말씀하고 있습니다. 아마 우리가 이런 약속이 없다면 하나님을 믿을까요? 아마 전혀 그렇지 않을 것입니다.

야곱은 하나님께서 자신을 구원하시면, 분명하게 십일조를 드릴 것이란 약속을 하며 이 약속을 지켰습니다.

이미 앞에서 살펴본 바 있듯이, 성경은 잠언 8장에서 '하나님을 사랑하는 자들이 하나님의 사랑을 입으며, 하나님을 간절히 찾는 자가 하나님을 만나게 될 것이라.'고 말씀할 뿐만 아니라, '부귀가 하나님께 있고, 장구한 재물과 공의도 하나님께 있다.'라고 말씀하고 있음을 알고 있습니다.

성경은 하나님을 경외하는 자에게는 '재물과 생명과 영광(잠22:4)'의 보상이 따를 것임을 약속하고 있습니다. 이것이 신약성경뿐만 아니라 구약성경의 여러 곳에 나타난 우리가 하나님을 섬길 때 주시겠다고 하는 주님의 약속입니다. 물론 재물과 생명과 영광이 따르는 이 보상은 이 세상에서 받는 보상과 우리가 저 천국에 올라간 후에 받는 이 두 가지 상급 모두를 함께 내포되어 있는 말씀일 것입니다.

하나님을 섬기는 기쁨이 충만한 삶

🍁 이스라엘 민족에게 끊임없이 말씀하시는 하나님의 약속은 이스라엘 민족이 하나님을 사랑하면 평안했고, 복이 넘쳤으며, 어려움이 없이 지낼 수 있었습니다. 그러나 이스라엘 민족이 하나님을 멀리하고 우상을 숭배하는 일로 하나님을 배반하면 기근이 찾아왔으며, 이방 민족의 침략에 의하여 고난과 고통을 당하게 되었습니다.

사사기서는 이스라엘 민족이 하나님의 말씀을 순종하여 섬길 때와 섬기지 않을 때의 차이를 극명하게 보여줍니다. 하나님의 말씀을 순종하고 따를 때에는 이스라엘 민족이 평안과 화평을 누렸지만, 하나님의 은혜를 잊어버리고 주님을 멀리 떠날 때는 이방 민족의 침략으로 고통이 찾아왔음을 보게 됩니다.

이제 이 고난으로 고통을 당하여 주님께 회개하며 부르짖을 때, 주님께서 사사라는 지도자를 보내셔서 이스라엘 민족을 이방 민족으로부터 해방시키시며 구원해 내심을 보여줍니다. 이것이 이스라엘 민족에게 하나님께서 응답하신 역사이며, 우리 믿음의 사람들이 신앙생활을 유지해 가는 모습인 것입니다.

십일조를 드린다는 단 한 가지가 하나님을 섬기는 삶의 전부는 아니겠지만, 공평과 정의를 실천하고 사랑하는 성도의 근본적인 삶의 태도에 십일조 생활을 더하게 된다면, 하나님을 섬기는 삶이 더 복되고 기쁨이 충만한 삶이 되지 않을까요? 우리는 로마서 14장 17절 말씀을 통하여 우리가 하나님을 섬김으로 얻게 되는 하나님의 나라에 대하여 알 수 있게 됩니다.

하나님의 나라는 먹는 것과 마시는 것이 아니요. 오직 성령 안에 있는 의와 평강과 희락이라. (롬 14:17)

성도가 하나님을 사랑하고 섬기는 삶의 깊이가 더하면 더할수록 하나님을 위해 드리는 헌금의 액수도 늘어나고, 주님께 자원하여 드리는 기쁨 또한 더하기 마련입니다.

우리가 사랑하는 곳에 우리의 마음 또한 가 있을 것이니, 주님을 사랑하는 우리가 주님의 몸 된 교회에 마음이 가 있는 것은 당연한 일입니다. 주님을 사랑하기 때문에 우리의 주님의 몸된 교회에 마음과 정성을 쏟아 붓는 것입니다.

다른 이 세상 사람들은 전혀 알지 못하고 이해하지 못하겠지만, 우리는 주님을 사랑하기 때문에 주님의 몸 된 교회를 위하여 헌신과 정성을 다하며 봉사를 실천하는 것입니다. 이것이 하나님을 섬기는 삶의 열매요, 기쁨입니다.

헌금을 드릴 때는 복을 비는 마음보다는 하나님께 감사와 서원, 그리고 자원하는 마음으로 즐거이 드리는 기쁨을 가지고 헌금을 드리는 것이 맞습니다. 이것은 하나님께서 제사시대의 레위기서를 통하여 끊임없이 성도들에게 요구하시는 말씀이셨습니다. 이것이 헌금의 정신입니다.

오로지 하나님을 섬기는 마음과 자원하는 기쁨으로 어떤 보상이나 대가를 바라지 않으며 하나님께 드리는 것이 헌금입니다. 우리는 이 헌금의 정성이 하나님께 상달되는 것을 믿으며, 우리의 보화가 천국에 쌓여질 것을 믿습니다. 현실의 축복보다는 주님을 기뻐하는 마음으로 장래에 천국에서의 보상을 기대하며 드리는 것입니다. 이것이 십일조 헌금을 드리는 진정한 이유인 것입니다.

우리는 말라기 선지자가 전하는 하나님의 말씀을 들으며, 주님께 우리의 정성을 바치게 됩니다.

온전한 십일조를 창고에 들여 나의 집에 양식이 있게 하고, 그것으로 나를 시험하여 내가 하늘 문을 열고 너희에게 복을 쌓을 곳이 없도록 붓지 아니하나 보라.(말3:10)

우리가 하나님의 약속을 믿고 이러한 선지자의 외침을 들으면서 어떻게 십일조를 드리지 않을 수 있겠습니까? 우리는 십일조가 하나님께서 주시는 현세와 장래의 축복의 통로임을 믿는 것입니다.

주님의 도우심과 구원의 확증

★ 성도들이 십일조 생활을 하고 난 이후의 변화는 아마 지출을 꼼꼼히 살펴보는 습관일 것입니다. 가계가 십일조를 드린 만큼 부족함을 느끼기 때문입니다. 십일조는 하나님을 우선 생각하지 않으면, 당장 지출해야 할 가계부터 생각하게 되어 드리기가 점점 어렵습니다.

경험상 처음 일십만 원의 십분의 일인 일만 원은 십일조로 드리기 쉽습니다. 그러나 금액이 조금 커지면 상황이 달라집니다. 일백만 원의 십분의 일인 일십만 원을 십일조를 드리는 것도 어렵지만, 오백만 원의 십분의 일인 오십만 원을 십일조로 구별하여 드리는 것은 더 어렵습니다. 십일조를 드려 보면 십일조 생활이 쉽지 않다는 사실을 금새 느낄 수 있게 됩니다. 이 세상의 재물과 주님과의 관계에서 그만큼 주님을 사랑하는 일이 어렵다는 사실을 확인할 수 있게 되는 것입니다.

십일조 하나 실천하지 못하면서 주님을 사랑한다는 말을 쉽게 하는 우리 자신을 보며, 우리는 주님의 말씀에 비추어 십일조 헌금에 대한 경계를 갖게 됩니다.

이 세상이나 세상에 있는 것들을 사랑하지 말라 누구든지 세상을 사랑하면 아버지의 사랑이 그 안에 있지 아니하니, 이는 세상에 있는 모든 것이 육신의 정욕과 안목의 정욕과 이생의 자랑이니 다 아버지께로부터 온 것이 아니요, 세상으로부터 온 것이라. 이 세상도, 그

정욕도 지나가되 오직 하나님의 뜻을 행하는 자는 영원히 거하느니라. (요일 2:15-17)

우리는 주님을 사랑하는 그리스도인들입니다. 내가 출석하는 교회에 십일조를 드리고 난 뒤 가장 먼저 얻을 수 있는 기쁨은 내가 주님을 사랑한다는 것과 주님의 이름으로 모인 주님의 몸 된 교회에 내가 속해 있다는 확증입니다. 내가 그리스도인이라는 사실을 믿는 믿음은 십일조를 드리면서 확증하게 되는 것입니다. 하나님께서 나를 사랑하심을 깨닫고, 나 자신이 하나님의 사랑에 응답하고 있다는 사실을 확인하는 것입니다. 이것이 십일조를 드리는 성도에게 오는 기쁨과 축복입니다.

성도여러분! 십일조를 드려보십시오. 그렇게 하면 분명하게 여러분에 찾아오는 것은 바로 내가 교인이구나, 그리스도인이구나, 나는 이 교회의 주인이구나 하는 것을 마음으로부터 확신을 가질 수가 있습니다. 주님의 몸 된 교회에 대한 주인의식을 가지게 되는 것을 알 수 있습니다.

십일조 생활은 바로 내가 하나님께서 주신 계명을 지키므로, 내가 주님을 사랑하고 있다는 사실을 깨닫고, 나 사진이 하나님의 사랑에 응답하고 있음을 확증하는 기쁨인 것입니다.

더 나아가서 십일조가 가져다주는 현실적인 축복을 설명한다면, 십일조를 드리는 생활이 내가 경영하는 사업장에 대한 축복이 됨을 알 수 있습니다. 교회를 잘 섬기며, 십일조 생활을 잘 유지하는 가정이 더 큰 복을 받게 된다는 사실을 사업을 해 보신 성도들은 경험을 통하여 증거할 수 있을 것입니다. 위대한 믿음의 사업가들의 간증이 십일조 생활에서 오는 축복을 증언하는 것을 우리는 확인해 볼 수 있습니다.

십일조를 드리면서 얻게 되는 이 모든 복을 한마디로 요약한다면, 십일조 생활에서 오는 가장 큰 축복은 믿음의 확증인 것입니다. 십일조를 드림으로 주님의 살아계심을 깨닫고 내가 주님을 사랑하고 있음도 확실히 알게 되는 것이죠. 십일조를 드릴 때마다 주님의 사랑을 생각하고, 주님께서 날 사랑하시는구나 하면서 주님의 그 사랑에 십일조를 통하여 감사를 표현하기 때문입니다.

아직까지 십일조 생활을 지키지 못하는 분들이라며, 이제 십일조 생활을 시작해 보시기 바랍니다. 십일조를 드림으로 얼마나 교회의 성도들이 주님을 사랑하는 지 알 수 있고, 이 헌금 또한 교회가 얼마나 소중히 생각하는지를 느껴 보시기 바랍니다.

십일조를 드림으로써 오는 가장 큰 축복은 바로 예수 그리스도의 구원의 확증과 예수 그리스도에 대한 믿음, 그리고 주님의 몸 된 교회에 내가 떨어지지 않고, 주님의 몸에 붙어 있다는 사실인 것입니다. 십일조 생활에 참여해 봅시다. 주님과 함께 하는 기쁨이 분명 더하여질 것입니다.

231
거룩한 헌신에 도전하라

4. 십일조의 실천과 방법

십일조 생활의 도전과 준비

🍁 교회에서 신앙생활을 하는 성도들이 모두 십일조 생활을 지키는 것은 아닙니다. 십일조를 드리는 성도들이 어떻게 보면 많은 숫자일 수도 있겠지만, 성도들이 모두 다 십일조를 드리는 것은 아니기 때문에, 단순히 십일조를 드리는 성도들이 많다고만 할 수 없을 것입니다.

여러 가지 이유가 있겠지만, 십일조는 강요된 것이 아니며, 자원하는 것으로, 오로지 하나님을 섬기는 마음으로 드려져야 하는 것이기 때문일 수 있습니다. 어느 정도 믿음의 연륜이 있는 성도임에도 아직까지 십일조를 드리지 않는 믿음의 모습을 보게 되면, 정작 놀라게 되는 경우도 이런 이유 때문입니다.

생활에 찌들리다 보면 생활비도 제대로 충당이 안 되는데 십일조가 뭐냐고 반문할 수도 있습니다. 십일조 생활을 제대로 지키려고 해도 빠듯한 경제적 이유 때문에 제대로 지키지 못하는 경우가 대부분입니다. 사실 나중에 보면 십일조를 드리는 것보다도 오히려 다른 곳에서 수천 배의 손해로 줄줄 새고 있는데도 말입니다.

십일조 헌금을 제대로 드리지 못한 경우, 내가 십일조를 제대로 드리지 않았구나 하면서, 십일조를 제대로 드리지 못하는데서 오는 엄청난 심적 부담을 느끼는 경우가 있습니다. 하나님의 징계가 두려워지는 탓입니다.

사실 하나님과 가까이 하는 사람이 아니라면 뭐 그리 무서울 리 없습니다. 하나님을 조금이라도 알고, 성경을 통하여 그분을 너무나 잘 이해하기 때문에 두려워지게 되는 것입니다. 하나님의 것을 하나님의 것으로 제대로 드리지 못하는데서 오는 마음의 부담이 하나님께서 잘못된 나를 징계하시는 것이 아닐까 하는 두려움이 찾아오는 것입니다. 하나님께서는 사랑하는 자이기 때문에 징계하신다고 하지 않으셨습니까?

샐러리맨이 삼백만원의 월급 중에 삼십만원을 떼어내고 나면, 다른 사람보다 십분의 일만큼 더 작은 수입으로 생활하는 것과 똑 같습니다. 그렇기 때문에 십분의 일을 구별하여 드리는 것이 정말 보통 정성으로 드리는 것이라는 것을 알게 됩니다. 믿음의 깊이가 있지 않고서는 정말 십일조 생활을 그만큼 유지하기가 어렵다는 이야기겠지요. 정직하게 살아야 하니 더 아껴 써야 하고, 더 빠듯한 생활을 유지하여야만 합니다. 성도들의 고민이 바로 여기에 있습니다. 하나님을 사랑하는 마음이 없으면 그 만큼 십일조 생활을 유지하기가 어렵다는 말일 것입니다.

사업가들은 수입이 일정치 않기 때문에 더 벌수도 있고, 덜 벌수도 있어서 생활비의 조정에 익숙할 수 있습니다. 그러나 봉급생활자는 수입에 따른 십일조를 투명하게 드릴 수 있는 반면, 그만큼 또 긴축한 생활을 하여야 하는 어려움이 있습니다. 그러나 우리는 하나님으로부터 십일조는 하나님의 것이라 가르침을 받고 있으니, 지금부터 온전한 십일조 생활에 도전해 봅시다.

수입에 대하여 십일조를 구분하자

★ 십일조를 드리기 위해서 제일 먼저 할 일은 오늘의 수입 중에서 과감하게 하나님의 것은 구별하여 놓고 지출계획표를 짜 보는 것입니다. 사업가라면 매월 사업의 결산 후, 또는 매월 일정부분을 소득으로 구분하고, 연말에 정산을 하는 방법으로 십일조를 구분할 수 있습니다. 봉급자라면 봉급을 받은 후, 먼저 하나님의 소유를 구별하여 놓아 봅시다. 먼저 하나님의 것을 드리고 난 후, 급한 가계를 정리해 나가 봅시다.

가계란 항상 수입보다 지출이 많기 때문에 이 것 저 것 줄여 보면 정말 아껴 써야 한다는 사실을 뼈저리게 느끼게 될 것입니다. 이 십일조는 경제권을 쥔 사람이 혼자 결정할 수 있지만, 믿음의 부부라면 함께 합의하여 결정하는 것이 바람직 할 것입니다.

지금까지 월간 가계의 지출계획표를 짜지 않은 사람이라면, 일정 수입이 들어오는 날 혹은 매월 첫날을 기준으로 그달 그달 자금계획표를 짜 봅니다. 왼쪽에는 자금 수입부문을 만들고, 우편에는 지출계획표를 짜되, 제일 먼저 수입의 십분의 일을 십일조, 또는 하나님의 것으로 표기해 놓습니다. 십일조라고 쓰는 것보다 '하나님의 것'이라고 쓰면 '하나님께 드려야 할 것'이라고 쓰는 것 보다 더 하나님께 드리기 편할 것입니다.

십일조를 떼고 난 뒤에는 봉투에 담아 '하나님의 것', 혹은 '하나님 꺼'라고 봉투에 써 놓아둡니다. 주일날까지는 십일조를 드릴 시간적 여유가 있기 때문에 봉투에 '십일조', '하나님께 드려야 할 것'이라고 써 놓으면, 돈을 급하게 써야 할 곳이 있어도 '하나님의 것'인 십일조는 건드리지 않게 됩니다.

돈을 급히 써야 할 급한 일이 있으면, 이 돈을 쓰고 싶은 유혹을 받기 마련입니다. 그러나 '하나님의 것'이라고 써 놓으면 봉투가 생각나도 봉투를 보면, 하나님의 소유에는 손을 댈 수가 없으므로 따로 뗀 십일조는 가능하면 손을 대지 않을 것입니다. 따로 뗀 십일조 헌금의 관리와 십일조 헌금을 드리는 일에 그만큼 주의하게 되는 것입니다.

십일조는 기도하는 마음으로 드리자

🍁 십일조를 드릴 때는 꼭 기도하는 마음으로 드려야 합니다. 그래야만 십일조가 땅에 떨어지지 않는 법입니다. 이 생활은 꼭 실천해야 합니다. 왜냐하면 수입이 들어온 날, 십일조를 다가오는 주일날 드리려고 구분하여 준비하여 놓아도, 갑자기 일이 생겨 구별하여 놓았던 십일조에 눈독을 들이는 일이 생겨나기 때문입니다.

아직 십일조 생활이 익숙하지 않은 사람들뿐만 아니라, 십일조 생활을 꼭 지키는 성도들 가운데도 처음 십일조 생활을 시작할 때, 이런 경험을 충분히 한번쯤은 해보았을 것입니다.

십일조 생활을 시작할 때는 재물의 유혹에 빠지지 않도록 반드시 기도로 준비하여야 합니다. 또한 이 십일조 헌금을 드릴 때도 반드시 기도하는 마음으로 주님께 드려야 합니다. 그렇지 않으면 자칫 이 십일조 헌금을 드리는 의미가 없어지고 땅에 떨어질 수 있습니다.

교회로부터 십일조를 강요당하는 느낌이 있다면, 잠시 헌금을 멈추고 하루 이틀 기다려 보십시오. 그리고 엎드려 주님께 기도해 보십시오. 그렇게 하면 마음속 깊은 곳으로부터 자원하는 마음이 일어날 것입니다. 이때 마음이 기쁨으로 주님을 찬양하는 마음이 생기면 그때 십일조를 드리십시오. 또 십일조를 드리지 않으면, 하나님으로부터 재물로 징계를 받을 것 같다는 마음의 두려움이 일어난다면 반드시 십일조 헌금을 드리십시오. 그리고 기도하십시오. 기도는 여러분이 하나님을 경외하는 마음을 하나님께 내어 보이는 중요한 수단이기 때문입니다.

십일조 생활의 실천에는 무엇보다 기도하는 마음가짐이 매우 중요합니다. 십일조 생활이 처음에는 쉽지 않겠지만, 시간이 흐를수록 십일조 생활에 젖어드는 기쁨을 느낄 수 있을 것입니다.

헌금생활을 처음 시작하는 이들이 십일조 헌금을 드릴 때는 처음에 주일헌금을 드리는 생활에 익숙해진 후. 나중에 십일조를 드리는 생활로 바꿀 수도 있습니다. 그러나 십일조 헌금에 대한 이야기를 알았다면, 믿음이 허락하는 가능한 한 십일조 생활에 참여하는 것이 신앙생활과 믿음의 성장에 유익합니다.

십분의 일의 헌금을 드릴 때는 하나님을 사랑하는 마음으로 자신의 소득 중 십분의 일을 하나님의 것, 즉 하나님의 소유로 따로 구분해 나누어놓으십시오. 분명히 하나님을 사랑한다는 사실을 느낄 수 있게 되고, 하나님의 소유를 하나님의 것으로 제대로 구별하여 드렸다는 마음의 기쁨이 충만하게 될 것입니다.

십일조는 하나님의 몸 된 교회에 드리게 되는 것이므로, 나 자신이 교회에 소속되어 있으며, 주님을 믿는 그리스도인임을 확증할 수 있기 해 줍니다. 반드시 십일조 생활을 실천해 보시기 바랍니다.

십일조 생활도 결국 나 자신이 마음대로 할 수 있는 것이 아니며, 오로지 주님께서 도우실 때만 가능한 일이므로, 반드시 주님께 기도하는 가운데 십일조 생활을 실천해 보시기 바랍니다. 말라기 선지자를 통하여 약속하신 주님의 복이 여러분과 여러분의 가정에 가득하게 차고 넘치게 됨을 보게 될 것입니다.

부록
십일조에 대한 질문과 대답

출처 : 기독교 교리 알고 보면 쉬워요, 이일화 목사 저, 서광, 2013

⑴ 십일조는 반드시 내어야 하는가?

답변 : 십일조는 하나님께서 명령하신 것이므로 반드시 내는 것이
마땅합니다. 십일조를 드리면 창고에 쌓을 곳이 없도록 복을
주신다고 약속하셨으므로 십일조를 드리는 것이 복의 근원
이 될 것입니다. 또한 경험상으로도 제대로 십일조를 드리지
않을 때, 전혀 예기치 않는 지출을 수반하는 경우를 볼 수
있습니다. 십일조를 드리고 나면 하나님께 나아가는 마음이
편안해 집니다. 네 보물이 있는 곳에 네 마음도 있다는 말씀
처럼, 십일조를 드리게 되면 하나님을 사랑하는 마음을 가
지고 있다는 사실을 느낄 수 있게 되고, 스스로 교회를 소중
히 여긴다는 사실을 깨닫게 될 것입니다.

(2) 수입이 턱없이 적은데도 십일조를 내야 하는가?

답변 : 빠듯한 살림에도 십일조를 내는 사람들에게 하나님께서는
부유한 사람들보다 더 큰 축복을 내리실 것입니다. 하나님께
서는 십일조를 드리는 이에게 복을 주신다고 약속하셨기 때
문입니다. 과부의 헌금을 보시고, 그 마음과 정성을 아시는
주님께서 우리의 정성된 헌금을 보시고 기뻐 받으실 것이기
때문입니다. 또한 십일조를 드림으로 생활에서 절약의 정신
을 배움으로 그 생활을 유지할 수 있게 될 것입니다.

(3) 부채가 많아서 생활을 유지하기 어려운데도 십일조를 내야 하는가?

답변 : '그렇다'입니다. 십일조를 내는 것은 정성이기 때문입니다. 의
무감 보다는 하나님을 섬기는 마음으로 그 정성을 다하여
하나님께 헌물을 드릴 때 우리의 예배를 받으시는 것처럼 그
정성을 받으실 것입니다.

(5) 십일조는 언제 드리는 것이 좋은가요?

답변 : 십일조는 지금부터 즉시 드리는 것이 좋습니다. 십일조가 하
나님의 것이라고 생각한다면, 지금 즉시 실행하는 것이 좋
습니다. 십일조가 하나님의 것이라는 사실을 안다면 수입이
발생할 때 가장 먼저 떼어 놓는 것이 좋습니다. 이것이 십일
조를 드리지 않으려는 유혹에서 해방되는 가장 좋은 방법입
니다. 모든 것을 지출하고 나중에 헌금을 드리려고 하면, 그

때는 십일조로 드려야 될 돈을 이미 다른 곳에 지출하고 말았다는 사실을 알게 되고, 십일조를 드리지 않으려는 유혹에서 쉽게 벗어나지 못하게 되기 때문입니다.

⑹ 십일조를 드릴 때 가장 큰 축복은 무엇인가?

　답변 : 십일조를 드릴 때 가장 큰 축복은 내가 하나님을 사랑하는 마음을 가지고 있다는 사실의 확증일 것입니다. 주님을 사랑하는 만큼 주님께 헌금을 드렸다는 마음의 기쁨과 즐거움을 간직하게 될 것입니다. 십일조를 의무감으로 하게 되면 이런 믿음의 즐거움이 사라지게 될 것입니다.

⑺ 십일조는 수입의 십분의 일을 드리는 것이 맞는가? 아니면, 순수한 소득에서 십분의 일을 드리는 것이 맞는가?

　답변 : 이것은 순수한 자신의 신앙상태와 연관되어 있다고 볼 수 있습니다. 근로자라면 자신의 수입의 십분의 일을, 사업가라면 자신의 사업의 이익금에서 십분의 일을 드리는 것이 올바르다고 말합니다. 그러나 중요한 건 자신이 드리는 십일조가 하나님 앞에서 양심에 비추어 거리낌이 없어야 한다는 것이고, 정성이 깃들어야 한다는 점입니다. 저자 자신도 십일조를 드리기가 무척 어렵습니다. 주로 아내의 도움을 받습니다. 사실 노동의 대가인 수입에서 소득의 십일조를 드리는 것이 그리 쉬운 일만은 아닙니다. 그만큼의 노력과 정성이

필요한 것임을 알 수 있습니다. 그러나 믿음의 깊이가 자라가면 자랄수록 차츰 십일조를 드리는 일이 자연스러워지고 기쁨이 됩니다. 우리가 경외하는 그 크고 위대하신 하나님의 전 앞에서 우리가 드리는 소득의 십일조로 믿음의 거리낌이 일어나지 않도록 하는 것이 더욱 중요하다는 점을 인식하여야 할 것입니다.

(8) 교회에서 헌금을 제대로 사용하지 않아서 마음이 상하는 데 그래도 십일조를 교회에 내야 합니까?

답변 : '그렇다'입니다. 성도들은 교회의 헌금의 사용처 문제로 갈등이 일어날 수 있습니다. 성도들의 피 흘린 노동의 댓가로 드리는 십일조야 말로 헌금의 가장 중요한 핵심이라고 말할 수 있습니다. 그렇기 때문에 하나님께서도 기뻐 받으시는 것입니다. 또한 교회의 목회자와 재정부에서는 헌금을 아주 정성들여 사용하여야 하는 이유가 되기도 하는 것입니다. 어디까지나 십일조는 하나님의 전에 드려지는 것이고, 성도가 헌금을 드릴 때는 하나님께 드리는 마음을 가지고 온 맘을 다하여 정성껏 드려야 하는 것입니다. 이것은 헌금의 기본정신입니다. 교회에서 헌금의 사용처 문제뿐만 아니라 해결되지 않는 제 문제로 꺼리낌이 있다면, 이때는 신앙생활의 유지를 위하여 신앙의 처소를 옮기는 문제까지도 신중히 고려해 보아야 할 것입니다.

결 론

★ 우리 그리스도인들의 신앙생활을 한마디로 말하면 우리의 달려갈 길을 다 마치고, 마지막으로 예수 그리스도를 만나 그분의 품에 안기는 것입니다. 이것이 소망이 없는 세상 사람과는 다른 그리스도인들이 살아가는 삶의 방식입니다.

우리는 죽은 이후 분명하게 하늘나라에 들어갈 것을 믿고, 환란 가운데서도 저 천국에 대한 소망을 가지며, 주님께서 계신 그 자리까지 나아가는 것입니다. 그래서 우리가 살아가는 삶의 방식은 분명하게 이 세상 사람과는 다른 것입니다.

이런 산 소망을 가진 그리스도인들은 여느 그리스도인과는 다릅니다. 예배가 기뻐지고, 찬송소리가 기뻐지며, 오로지 주님의 말씀만 기뻐합니다. 시편 1편에 나타난 복 있는 사람의 모습 그대로입니다.

거룩한 헌신에 도전하라

복 있는 사람은 악인들의 꾀를 따르지 아니하며

죄인들의 길에 서지 아니하며

오만한 자들의 자리에 앉지 아니하고

오직 여호와의 율법을 즐거워하여

그의 율법을 주야로 묵상하는도다.

그는 시냇가에 심은 나무가 철을 따라 열매를 맺으며

그 잎사귀가 마르지 아니함 같으니

그가 하는 모든 일이 다 형통하리로다.

악인들은 그렇지 아니함이여.

오직 바람에 나는 겨와 같도다.

그러므로 악인들은 심판을 견디지 못하며

죄인들이 의인들의 모임에 들지 못하리로다.

무릇 의인들의 길은 여호와께서 인정하시나

악인들의 길은 망하리로다. (시 1:1-6)

우리 그리스도인들의 삶의 표준은 오직 예수 그리스도 그분 한분뿐입니다. 우리는 예수님께서 가르치심대로 겸손과 온유로 옷 입고 주님만 바라보아야 합니다.

나는 마음이 온유하고 겸손하니 나의 멍에를 메고 내게 배우라 그리하면 너희 마음이 쉼을 얻으리니, 이는 내 멍에는 쉽고 내 짐은 가벼움이라 하시니라. (마 11:29-30)

우리의 삶의 응답이 여기에 있습니다. 우리는 성도들의 삶의 표준이 무엇인지를 압니다. 그리고 어떻게 사는 것이 그리스도를 위한 삶이며, 주님과 더불어 사는 삶인지를 알고 있습니다.

그래서 지금까지 그리스도인이 그리스도인답게 사는 삶의 방법을 배워왔습니다. 감사와 기도의 생활, 성경읽기, 주일예배 성수, 십일조의 실천. 그리스도인의 삶은 이 다섯 가지 안에 다 들어있다고 해도 과언이 아닙니다.

그리스도인이 그리스도인답게 사는 것. 그것은 바로 다섯 가지의 믿음의 생활을 실천하는 것입니다. 우리는 그리스도인으로 이 다섯 가지를 실천하여야 한다는 것을 너무나 잘 알지만, 사실 그것을 실천하기가 너무 어렵습니다.

우리는 지금까지 이 다섯 가지의 생활을 실천할 수 있는 구체적인 방법들을 함께 공부해 왔습니다. 이 실천에는 전적으로 예수 그리스도에 대한 소망을 두고, 전적으로 성령님을 의지하는 생활이 필요합니다. 바로 이것이 이 책을 읽는 성도 여러분들에 권하고자 하는 결론입니다.

여러분! 오늘 당장 기도하십시오. 그리고 그분의 명령을 따르십시오. 그리고 주님과 더불어 동행하십시오. 그리하면 성령님께서 여러분의 생활을 도우실 것입니다. 그리고 거룩한 하나님의 나라에 저와 여러분 모두가 들어갈 수 있도록, 그리고 마지막에 우리 주 예수 그리스도에게로부터 상급을 얻을 수 있도록 우리 모두를 안내 해 줄 것입니다.

「신앙생활의 기초」 성경 인용구절

(창 1:1) 태초에 하나님이 천지를 창조하시니라.

~~~~~~

(창 1:27) 하나님이 자기 형상 곧 하나님의 형상대로 사람을 창조하시
되 남자와 여자를 창조하시고

~~~~~~

(창 3:22) 여호와 하나님이 이르시되 보라 이 사람이 선악을 아는 일
에 우리 중 하나 같이 되었으니 그가 그의 손을 들어 생명 나무 열매
도 따먹고 영생할까 하노라 하시고

~~~~~~

(딛 1:2) 영생의 소망을 위함이라 이 영생은 거짓이 없으신 하나님이
영원 전부터 약속하신 것인데

(롬 5:12) 그러므로 한 사람으로 말미암아 죄가 세상에 들어오고 죄로 말미암아 사망이 들어왔나니 이와 같이 모든 사람이 죄를 지었으므로 사망이 모든 사람에게 이르렀느니라..

(롬 1:21) 하나님을 알되 하나님을 영화롭게도 아니하며 감사하지도 아니하고 오히려 그 생각이 허망하여지며 미련한 마음이 어두워졌나니

(롬 14:23) 의심하고 먹는 자는 정죄되었나니 이는 믿음을 따라 하지 아니하였기 때문이라 믿음을 따라 하지 아니하는 것은 다 죄니라.

(약 4:17) 그러므로 사람이 선을 행할 줄 알고도 행하지 아니하면 죄니라.

(요일 3:4) 죄를 짓는 자마다 불법을 행하나니 죄는 불법이라.

(요일 5:17) 모든 불의가 죄로되 사망에 이르지 아니하는 죄도 있도다.

(히 10:27) 오직 무서운 마음으로 심판을 기다리는 것과 대적하는 자를 태울 맹렬한 불만 있으리라.

(계 21:8) 그러나 두려워하는 자들과 믿지 아니하는 자들과 흉악한 자들과 살인자들과 음행하는 자들과 점술가들과 우상 숭배자들과 거짓말하는 모든 자들은 불과 유황으로 타는 못에 던져지리니 이것이 둘째 사망이라.

(엡 2:8-9) 너희는 그 은혜에 의하여 믿음으로 말미암아 구원을 받았으니 이것은 너희에게서 난 것이 아니요 하나님의 선물이라. 행위에서 난 것이 아니니 이는 누구든지 자랑하지 못하게 함이라.

(요 3:16) 하나님이 세상을 이처럼 사랑하사 독생자를 주셨으니 이는 그를 믿는 자마다 멸망하지 않고 영생을 얻게 하려 하심이라.

(요 14:6) 예수께서 이르시되 내가 곧 길이요 진리요 생명이니 나로 말미암지 않고는 아버지께로 올 자가 없느니라.

(딤전 2:5) 하나님은 한 분이시요 또 하나님과 사람 사이에 중보자도 한 분이시니 곧 사람이신 그리스도 예수라.

(벧전 3:18) 그리스도께서도 단번에 죄를 위하여 죽으사 의인으로서 불의한 자를 대신하셨으니 이는 우리를 하나님 앞으로 인도하려 하심이라 육체로는 죽임을 당하시고 영으로는 살리심을 받으셨으니

(고전 15:3) 내가 받은 것을 먼저 너희에게 전하였노니 이는 성경대로 그리스도께서 우리 죄를 위하여 죽으시고

~~~~~~~~~

(사 1:18) 여호와께서 말씀하시되 오라 우리가 서로 변론하자 너희의 죄가 주홍 같을지라도 눈과 같이 희어질 것이요 진홍 같이 붉을지라도 양털 같이 희게 되리라.

~~~~~~~~~

(마 11:28) 수고하고 무거운 짐 진 자들아 다 내게로 오라 내가 너희를 쉬게 하리라.

~~~~~~~~~

(요일 1:9) 만일 우리가 우리 죄를 자백하면 그는 미쁘시고 의로우사 우리 죄를 사하시며 우리를 모든 불의에서 깨끗하게 하실 것이요.

~~~~~~~~~

(롬 8:26) 이와 같이 성령도 우리의 연약함을 도우시나니 우리는 마땅히 기도할 바를 알지 못하나 오직 성령이 말할 수 없는 탄식으로 우리를 위하여 친히 간구하시느니라.

~~~~~~~~~

(고전 12:3) 그러므로 내가 너희에게 알리노니 하나님의 영으로 말하는 자는 누구든지 예수를 저주할 자라 하지 아니하고 또 성령으로 아니하고는 누구든지 예수를 주시라 할 수 없느니라.

(계 3:20) 볼지어다 내가 문 밖에 서서 두드리노니 누구든지 내 음성을 듣고 문을 열면 내가 그에게로 들어가 그와 더불어 먹고 그는 나와 더불어 먹으리라.

(골 1:14) 그 아들 안에서 우리가 속량 곧 죄 사함을 얻었도다.

(요 1:12) 영접하는 자 곧 그 이름을 믿는 자들에게는 하나님의 자녀가 되는 권세를 주셨으니

(히 9:28) 이와 같이 그리스도도 많은 사람의 죄를 담당하시려고 단번에 드리신 바 되셨고 구원에 이르게 하기 위하여 죄와 상관 없이 자기를 바라는 자들에게 두 번째 나타나시리라.

(벧전 4:5) 그들이 산 자와 죽은 자를 심판하기로 예비하신 이에게 사실대로 고하리라.

(요 5:24) 내가 진실로 진실로 너희에게 이르노니 내 말을 듣고 또 나 보내신 이를 믿는 자는 영생을 얻었고 심판에 이르지 아니하나니 사망에서 생명으로 옮겼느니라.

(신 28:2) 네가 네 하나님 여호와의 말씀을 청종하면 이 모든 복이 네게 임하며 네게 이르리니

(요삼 1:2) 사랑하는 자여 네 영혼이 잘됨 같이 네가 범사에 잘되고 강건하기를 내가 간구하노라.

~~~~~~

(요 5:39) 너희가 성경에서 영생을 얻는 줄 생각하고 성경을 연구하거니와 이 성경이 곧 내게 대하여 증언하는 것이니라.

~~~~~~

(고후 5:1) 만일 땅에 있는 우리의 장막 집이 무너지면 하나님께서 지으신 집 곧 손으로 지은 것이 아니요 하늘에 있는 영원한 집이 우리에게 있는 줄 아느니라.

~~~~~~

(벧후 3:9-13) 주의 약속은 어떤 이들이 더디다고 생각하는 것 같이 더딘 것이 아니라 오직 주께서는 너희를 대하여 오래 참으사 아무도 멸망하지 아니하고 다 회개하기에 이르기를 원하시느니라. 그러나 주의 날이 도둑 같이 오리니 그 날에는 하늘이 큰 소리로 떠나가고 물질이 뜨거운 불에 풀어지고 땅과 그 중에 있는 모든 일이 드러나리로다. 이 모든 것이 이렇게 풀어지리니 너희가 어떠한 사람이 되어야 마땅하냐 거룩한 행실과 경건함으로 하나님의 날이 임하기를 바라보고 간절히 사모하라. 그 날에 하늘이 불에 타서 풀어지고 물질이 뜨거운 불에 녹아지려니와 우리는 그의 약속대로 의가 있는 곳인 새 하늘과 새 땅을 바라보도다.

(계 14:13) 또 내가 들으니 하늘에서 음성이 나서 이르되 기록하라 지금 이후로 주 안에서 죽는 자들은 복이 있도다 하시매 성령이 이르시되 그러하다 그들이 수고를 그치고 쉬리니 이는 그들의 행한 일이 따름이라 하시더라.

(벧후 3:8-9) 사랑하는 자들아 주께는 하루가 천 년 같고 천 년이 하루 같다는 이 한 가지를 잊지 말라. 주의 약속은 어떤 이들이 더디다고 생각하는 것 같이 더딘 것이 아니라 오직 주께서는 너희를 대하여 오래 참으사 아무도 멸망하지 아니하고 다 회개하기에 이르기를 원하시느니라.

하나님의 응답의 과정과 후기

★ 하나님과의 만남의 간증은 이외에도 끝없이 많지만, 그중 일부분만 실었습니다. 이는 성도들의 신앙생활을 돕기 위하여, 누구에게나 이런 은혜의 체험이 있을 수 있다는 사실을 참고하라는 의미에서 게재합니다.

성도들은 이 체험만이 신앙의 전부가 아니라는 사실을 깨닫고, 하나님만이 우리 그리스도인의 모든 것이라는 사실을 이해하여, 한 목회자나 개인을 섬기는 것이 아닌, 오로지 주님만을 섬기는 삶을 살아야 할 것입니다.

또한 신앙의 체험에는 주님의 한량없는 은혜도 넘치지만, 방황과 곁길로 가게 되면, 하나님을 사랑하는 자에게는 징계도 함께 따른다는 사실도 마음의 경계로 삼는 것이 좋을 것 같습니다.

하나님과의 만남과 응답의 과정

이 일 화

★ 1984년 부흥회가 끝난 며칠 후였습니다.

매일 저녁 잠자리에 들기만 하면 귀에서 이상한 소리가 들리는 이명(耳鳴)현상이 며칠간 계속되었습니다.

그러던 어느 날 정말 요즘의 영화에서 나오는 머리부터 발끝까지 '검은 우의를 입은 듯한 수도승 같은 어떤 존재'로부터 무릎을 꿇고 세례를 받는 장면의 꿈을 꾸었습니다.

무릎을 꿇고 세례를 받는 순간, 내 허리가 찢어질 듯이 아파서 나도 모르게 소리를 지르며 일어났고, 순간 온 식구들이 모두 놀라서 잠자리에서 깨어 일어났습니다.

이튿날 밤 꿈에는 '믿음, 소망, 사랑, 그 중에 제일은 사랑이'라는 막대의 글자들을 보이지 않는 힘이 가슴으로부터 허리에서 뜯어내려고 안간힘을 썼습니다. 급기야 허리가 아파 일어났고, 내 온몸에는 땀이 비 오듯 하였습니다.

주일 오후 어느 여(女) 집사님께서 저를 위하여 기도를 하여 주셨습니다. 그분의 기도의 힘을 얻어 기도원에서 온 몸이 땀에 젖도록 하나님께 매어 달려 기도하였습니다. 그 순간 아픈 허리가 시원하게 느껴지며 통증이 씻은 듯이 사라지는 것을 경험하였습니다.

그 날 이후로 일 년 동안 퇴근길 교회에 들러 매일 삼십분씩 작정을 하고 기도하였습니다. 지금도 주일 날 교회의 예배에 빠지지 않고 출석할 수 있는 것은 기도의 응답이라고 생각하곤 합니다.

스물 한 살, 정말 성경 말씀이 송이 꿀같이 달았습니다.

새로운 직장을 따라 임시 하숙집을 옮긴지 보름도 채 되지 않았는데 하숙집 여주인이 얼마간의 돈이 없어졌다고 도둑으로 몰았습니다. 그 달치 하숙비도 선금으로 다 치뤘지만 나머지 돈도 돌려받지 못하고 하숙집을 나와 교회의 전도사님이 사시는 사택으로 옮겼습니다.

매일 새벽과 아침 식후, 그리고 점심시간과 저녁시간 한 달을 작정하여 오로지 주님만 생각하며 기도로 매어 달렸습니다. 정말 기도하지 않으면 헤어날 수 없다는 생각뿐이었습니다. 교회가 떠나 갈 정도로 큰 소리로 기도하던 기도생활이 열흘쯤 계속되던 어느 날 아침 성경말씀이 제 온몸을 전율처럼 감싸는 것을 경험하였습니다.

"너희를 향한 나의 생각은 내가 아나니, 재앙이 아니라 평안이요, 너희 장래에 소망을 주려하는 생각이라. 너희는 내게 부르짖으며 와서 내게 기도하면 내가 너희를 들을 것이요, 너희가 전심으로 나를 찾고 찾으면 나를 만나리라." (렘29:11-13)

그 많던 근심과 걱정이 사라지고, 정말 하나님만 계시다고 느껴지는 그 순간, 찬송가가 실제를 노래하고 있다는 사실을 깨달을 수 있었습니다.

거룩한 헌신에 도전하라

'세상도 없고, 나도 없고, 사랑의 주만 보이도다.

이것이 나의 간증이요, 이것이 나의 찬송일세.'

집으로 돌아간 한 달 후 어느 날, 아버지께서 조용히 물으셨습니다.

"너, 무슨 일 없었니?", "아뇨. 별일 없었는데요."

아버지께서 염려할 것 같아 아무 일 없었다고 말씀드렸습니다. 그리고 며칠 후 신기하게도 그렇게 기다리던 직장으로의 전근이 이루어졌고, 새로운 직장에서 매우 큰 인정을 받았다는 사실이었습니다.

더 신기로운 일은 하나님께서 아버지의 꿈속에 나타나 "네가 천국 갔다온 것처럼, 네 아들도 천국 갔다 왔다."라고 말씀하셨다는 사실이었습니다. 아버지께서는 제가 신학대학을 졸업할 무렵에야 저에게 이렇게 말씀을 하셨습니다. 그때 제가 엄청나게 큰일을 당한 줄 아시고 매우 걱정을 하셨다고 하셨습니다.

그 후 세례를 받고, 일 년이 지난 철야기도회 때 온 몸을 감싸는 강력한 힘으로 이상한 언어로 말하기 시작하였습니다. 은사를 체험하기 시작한 것입니다.

다시 이 년의 세월이 지나고, 더 큰 믿음의 사람들을 만나고 싶어 서울로 오고 싶어 했지만 길이 열리지 않을 때입니다.

모두 다 즐겁게 하루를 보내는 크리스마스 날 오후, 홀로 한적한 시골의 기도원을 향하였습니다. 그리고 하나님의 응답하심을 기대하며 부르짖어 기도하였습니다. 두 시간마다 있는 막차를 타려고 내려가기 전 주님께 지금 응답하시지 않으시면, 가는 길에 만나는 사람을 통해서라도 응답하여 달라고 간구했습니다. 정말 주님께서는 그렇게 하셨습니다.

정류장에서 버스를 기다릴 때, 저는 전혀 모르는 시내의 어느 큰 교회 여 집사님이 저를 알아보셨습니다. 전혀 모르는 분들인데 옆에 계신 분이 자꾸 대화를 권하였습니다. 만약 제가 잘 아는 교회 친구의 이모님이 아니었다면 대화조차 하지 않았을 것입니다.

그분의 얼굴을 바라볼 때, "하나님께서 더 큰 좋은 길을 준비해 놓으셨는데, 왜 그리 서두르느냐"고 그분이 먼저 이야기를 꺼냈습니다. 이 말을 듣는 순간 오늘 주님께서 나에게 말씀하시고 싶어 하시던 말씀이 이것이었구나 생각하는 생각이 불현 듯 들었습니다. 다른 이야기를 붙이려는 집사님들의 대답에 함구한 채 돌아오는 버스 안에서 마음 속 깊이 평안을 얻을 수 있었습니다.

놀랍게도 12월 31일 종무식 날 아침, 1월 1일자로, 서울, 그것도 본부로 전근이 발표되었습니다. 그리고 신년 새해 7일간을 준비하며, 그렇게도 가고 싶어 하던 대학 진학을 준비할 수 있었습니다.

정말로 더 신기한 건, 신학교가 아닌 정규 신학대학으로는 50명 정원의 야간과정이 서울 근교에 있는 이 대학교 밖에 없어 부득이 이 학교를 선택하게 되었는데, 대학을 입학하자마자, 그 이듬 해부터 야간과정이 폐지되고, 주간학과와 통폐합되었다는 것이었습니다. 마치 하나님께서 나를 위하여 준비해 놓으셨던 것처럼, 내가 입학하자마자 야간과정이 사라지고, 주간과정으로 통합 되었을 뿐만 아니라 대학의 야간과정 자체도 문이 닫혔다는 것이 나에게는 너무나 기이하게 느껴졌습니다.

그 후 30여년의 회사와 교역생활 동안 지나보면 하나님의 은혜가 아닌 것이 없었고, 심지어 내가 직장에서 받는 보직까지 하나하나가 하나님의 뜻과 의도가운데 이루어지고 있었음을 지난 후에야 알게 되었습니다.

처음 직장을 출발하던 때, 세 가지의 조건을 놓고 일 년 동안 매일 삼십 분이나 한 시간씩 그렇게 기도했던 조건대로 직장이 주어져 있었고, 자리를 옮길 때마다, 나 자신의 의도와는 다른 보직을 받았을 때에도 지나보면 그것이 훨씬 더 나에게 유익한 진로였음을 깨달을 수 있었습니다. 가장 낮아지고 하나님을 떠나 있던 시간에도 주님은 바로 옆에 계셨고, 저와 함께 하시고 계셨던 것입니다.

바로 지금 이 순간에도 주님은 끊임없이 저를 사랑하시고 계심을 이제서야 깨닫고, 하나님을 사랑하는 방법과 그분이 우리에게 허락하신 길을 깨달을 수 있도록 조그마한 집필로 그분에게 영광을 돌리게 됩니다. 하나님이 살아계심을 우리 모두 알게 되기를 정말 간절한 마음으로 기도합니다.

후 기

✦ 이 책을 만들도록 허락하신 하나님께 다시 한 번 감사를 드리지 않을 수 없습니다. 이 책의 완성 비결은 오로지 주님께서 함께 하셨기 때문입니다.

이 책은 집필하는 것이 목적이 아니라, 우리 성도들이 말씀과 기도의 삶을 어떻게 실천하며, 믿음의 생활을 어떻게 실천할 것인가 고민하면서 얻어진 결론이었습니다.

우리는 주님에 대한 타는 듯한 갈증과 목마름, 주님이 어떤 분이신지 알고 싶고, 성경이 무엇인지를 알고 싶어 합니다. 그리고 우리 그리스도인의 인생의 결말이 항상 어떤지 궁금해 하며 살아갑니다.

그럼에도 교회의 성도들이 추구하는 신앙생활의 그 실천적 삶은 우리 교회의 표어로 주어지지만, 그것을 실천하는 구체적인 방법을 잘 알 수 없어 답답해 할 때가 많습니다.

주님께서 다시 오신다는 그 약속을 믿으며 살아가는 우리에게 하나님의 말씀을 실천하며, 주님께로 조금이라도 더 가까이 나갈 수 있는 것은 바로 우리 주님이 우리와 함께 계시기 때문입니다.

매일 매일 성령님의 도우심을 간구하며, 주님의 말씀을 읽으며, 좁은 길을 주님과 함께 걸어가는 것, 바로 이 길이 바로 행복의 길이란 것을 노래하는 사람들이 있습니다.

우리 역시 이들과 함께 그리스도 안에서 좁은 길을 걸어가며, 이 세상 사람과는 다른 삶을 살며, 오직 믿음의 생활로 살아가는 것입니다. 이것이 우리 그리스도인의 삶의 모습일 것입니다. 우리는 오로지 한 분 예수 그리스도를 닮아가며 그분을 따라가는 기쁨 속에 사는 것입니다.

이 책을 마감할 수 있었던 것은 성령님의 도움이었으며, 바로 우리의 삶의 목적이 무엇인지를 아는 까닭이었습니다. 주님께서는 마지막 날 까지 우리를 붙드시고, 붙잡으시며, 우리를 주님의 품으로 인도하실 것입니다. 성령님의 보호하심 아래에서 말입니다.

이 책을 읽는 성도들 모두에게 주님의 보호하심과 성령님의 인도하시는 손길이 매일매일 가득하기를 바랍니다.

그리스도인을 위한 신앙지침서

거룩한 헌신에 도전하라

초판1쇄 발행 2015년 1월

지은이 · 정순출, 이일화
펴낸이 · 조정애
펴낸곳 · 유림프로세스

등록번호 · 제 2013-000003호
등록일자 · 2013. 1. 7
서울특별시 중구 충무로 21-12(초동)
Tel. (02)2264-1653 / Fax. (02)2264-1655
정가 · 11,000원
ISBN · 978-89-98771-04-1

＊파본은 교환해 드립니다.

＊이 출판물은 저작권법에 의해 보호를 받는 저작물이므로 무단 복제할 수 없습니다.

＊이 도서의 국립중앙도서관 출판예정도서목록(CIP)은 서지정보유통지원시스템
  홈페이지(http://seoji.nl.go.kr)와 국가자료공동목록시스템(http://www.nl.go.kr/kolisnet)
  에서 이용하실 수 있습니다.